Impressum
Verlag: BABADADA GmbH, Nedderfeld 112 , 22529 Hamburg
Geschäftsführer / Verlagsleitung: Harald Hof
Druck: Books on Demand GmbH, In de Tarpen 42, 22848 Norderstedt

Imprint
Publisher: BABADADA GmbH, Nedderfeld 112 , 22529 Hamburg, Germany
Managing Director / Publishing direction: Harald Hof
Print: Books on Demand GmbH, In de Tarpen 42, 22848 Norderstedt

ikigo c' amashure
colegio

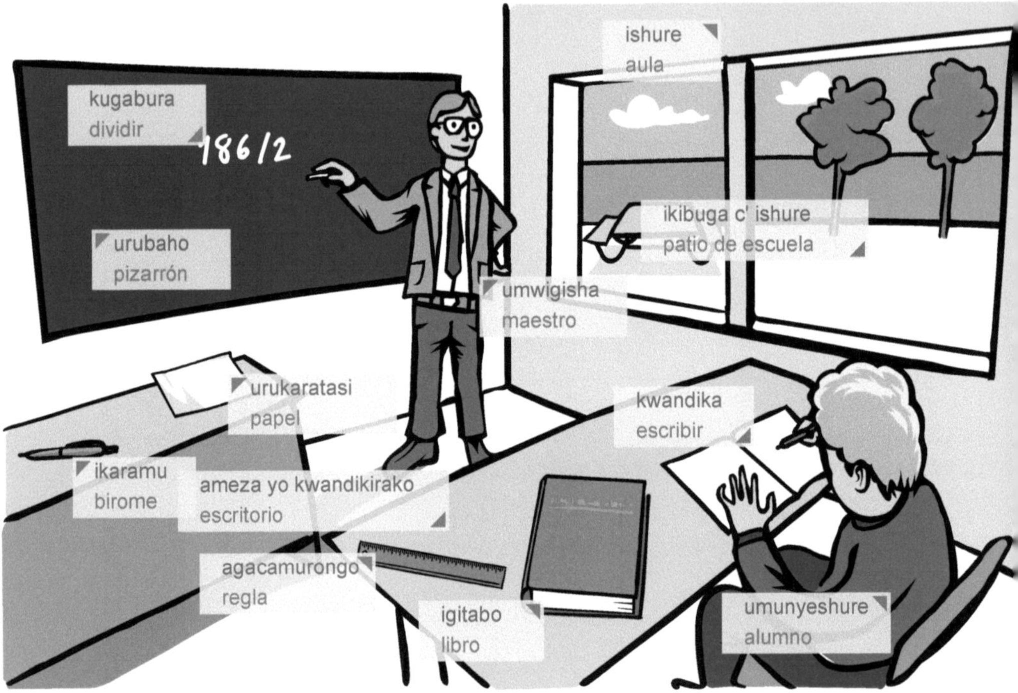
ishure
aula
kugabura
dividir
186/2
urubaho
pizarrón
ikibuga c' ishure
patio de escuela
umwigisha
maestro
urukaratasi
papel
kwandika
escribir
ikaramu
birome
ameza yo kwandikirako
escritorio
agacamurongo
regla
igitabo
libro
umunyeshure
alumno

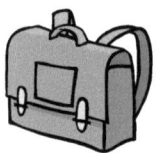

isakoshi y'' ishure

mochila

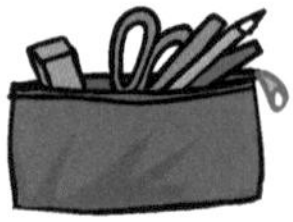

agasaho k' amakaramu

caja de lápices

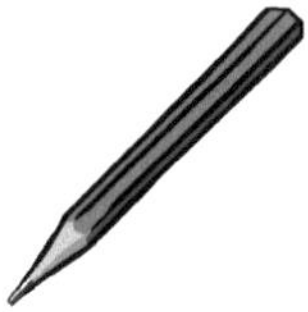

ikaramu y igiti

lápiz

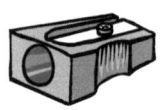

agasongozo k ikaramu y igiti

sacapuntas

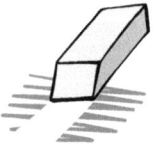

igome

goma (de borrar)

ikaye yo gucapamwo

bloc de dibujo

igicapo

dibujo

ikaramu bacapisha irangi

pincel

agasandugu kamabara

caja de pinturas

imikasi

tijera

kore

pegamento

ikaye y' imyimenyerezo

cuaderno de ejercicios

imyimenyerezo yo muhira

tarea

igiharuro

número

guteranya

sumar

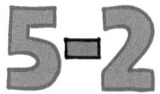

gukuramwo

restar

kugwiza

multiplicar

guharura

calcular

urudome

letra

indome

abecedario

ijambo

palabra

igisomwa

texto

gusoma

leer

ingwa

tiza

icigwa

lección

igitabo c' ishure

cuaderno de clase

ikibazo

examen

impamyabushobozi

certificado

impuzu y' ishure

uniforme escolar

kwiga

educación

kazinduzi

enciclopedia

kaminuza

universidad

mikorosikopi

microscopio

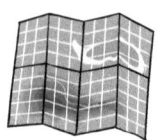

ikarata

mapa

agaseke bajugunyamo
amakaratasi

tacho (de basura)

urugendo
viaje

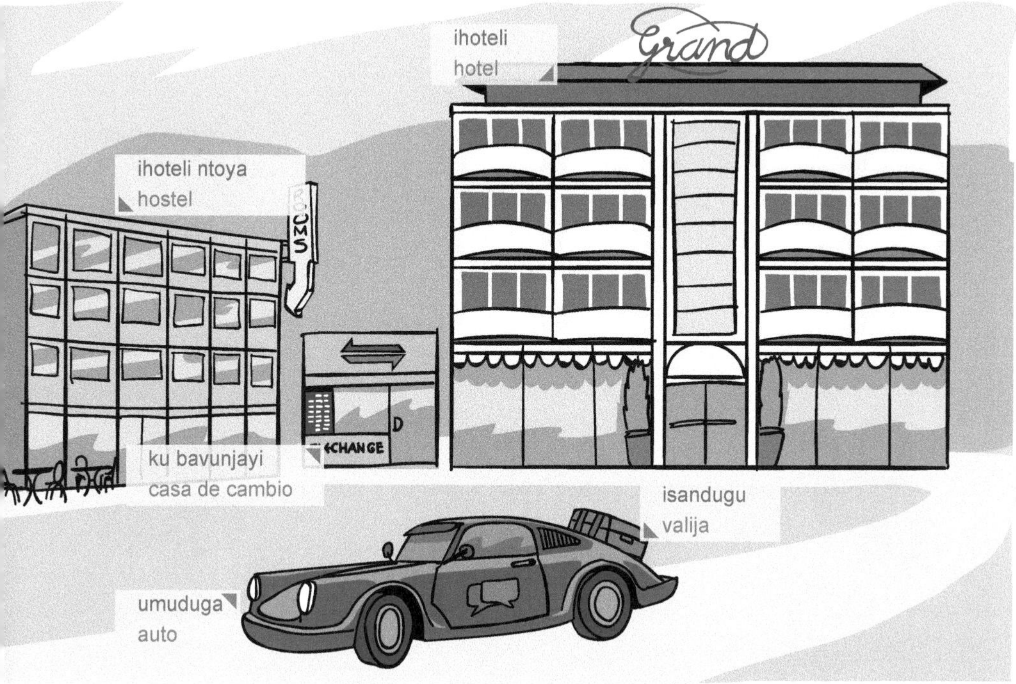

ihoteli
hotel
Grand
ihoteli ntoya
hostel
ROOMS
CHANGE
ku bavunjayi
casa de cambio
isandugu
valija
umuduga
auto

ururimi
idioma

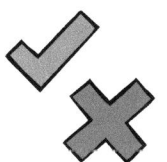

ego / oya
sí / no

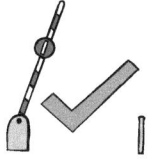

ego
Está bien

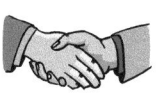

amahoro!
hola

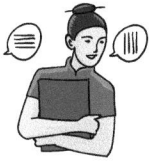

umuntu asigura
traductor

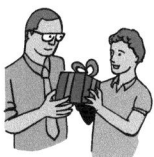

ndashimye
Gracias

ni angahe?

¿cuánto cuesta...?

sindabitahura

No entiendo

ingorane

problema

mwiriwe!

¡Buenas tardes!

mwaramutse

¡Buenos días!

ijoro ryiza!

¡Buenas noches!

nakagaruka

adiós

inzira

dirección

imizigo

equipaje

igapo

bolso

isaho baheka mu mugongo

mochila

umushitsi

invitado

icumba

habitación

umufuko wo kuraramo mu rugendo

bolsa de dormir

ihema

carpa

kumenyesha ingenzi

información turística

ku musenyi

playa

ikarata y' amahera

tarjeta de crédito

ifunguro rya mugatondo

desayuno

ifunguro ryo ku murango

almuerzo

ifunguro ry 'ijoro

cena

itike

pasaje

ingazi y' umuyagankuba

ascensor

umukono

sello

umupaka

frontera

duwane

aduana

ubuserukizi bw' igihugu

embajada

viza

visa

pasiporo

pasaporte

gutwara abantu n' ibintu

transporte

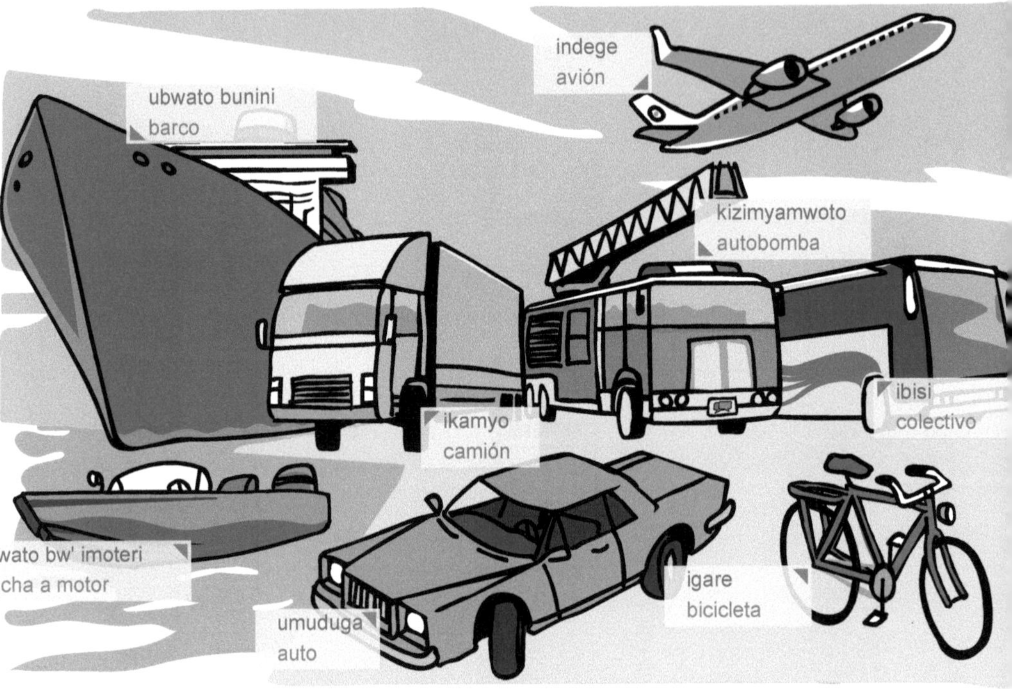

indege
avión
ubwato bunini
barco
kizimyamwoto
autobomba
ibisi
colectivo
ikamyo
camión
bwato bw' imoteri
ancha a motor
igare
bicicleta
umuduga
auto

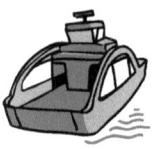

ubwato bunini

ferry

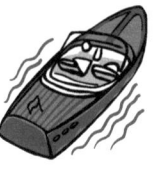

ubwato

bote

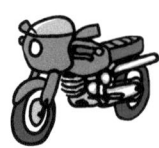

ipikipiki

moto

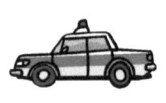

umuduga w' igipolisi

patrullero

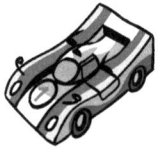

umuduga wa kuruse

auto de carreras

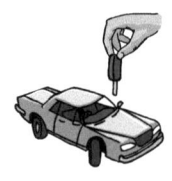

umuduga bakodesha

auto de alquiler

gukoresha imodoka imwe muri benshi
....
alquiler de autos

uruduga ruheka izindi
....
grúa

umuduga utwara umucafu
....
camión de basura

imoteri
....
motor

igitoro
....
nafta

ubunywero bw'ibitoro
....
estación de servicio

irango vyo ku mabarabara
....
señal de tránsito

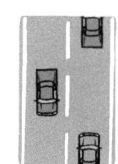

uruja n' uruza
....
tránsito

akajagari k' imiduga mw' ibarabara
....
embotellamiento

igituro c' imiduga

estacionamiento

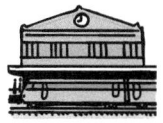

igituro ca gari ya moshi

estación de tren

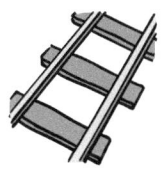

ibarabara rya gari ya moshi
....
vías

gari ya moshi
....
tren

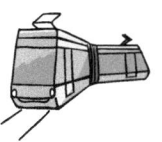

gari ya moshi bita tram
....
tranvía

igipande ca gari ya moshi
....
vagón

kajugujugu

helicóptero

ikibuga c' indege

aeropuerto

umunara

torre

ingenzi

pasajero

konteneri

contenedor

ikarato

caja de cartón

isharete

carretilla

icibo

canasta

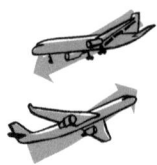

kuguruka / kugwa

despegar / aterrizar

igisagara

ciudad

umutumba

pueblo

hagati mu gisagara

centro de ciudad

inzu

casa

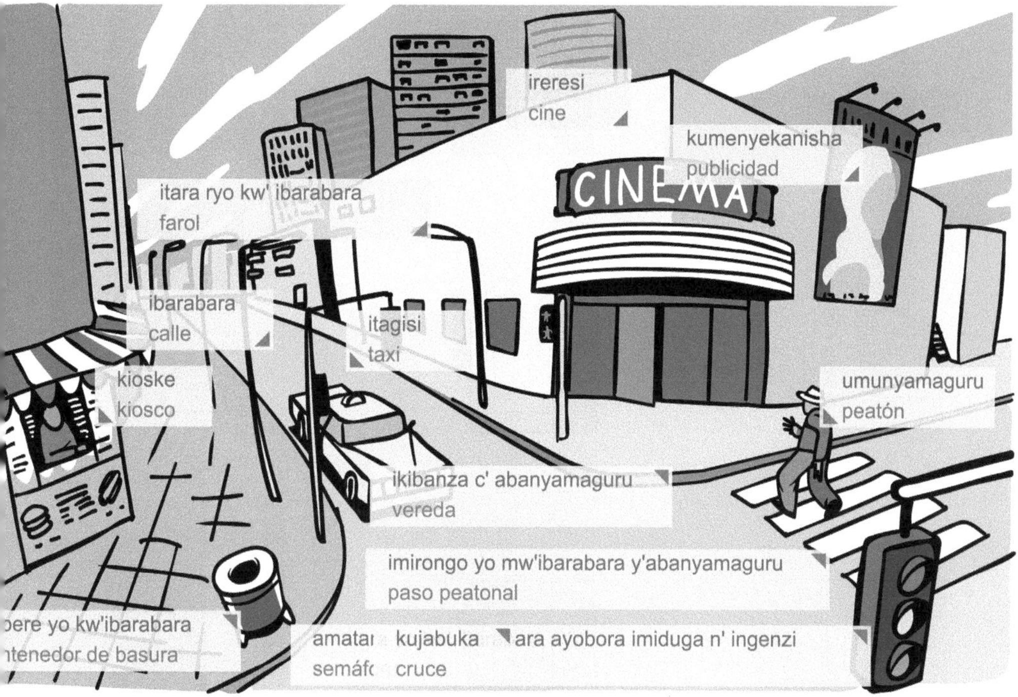

ireresi
cine

kumenyekanisha
publicidad

itara ryo kw' ibarabara
farol

ibarabara
calle

itagisi
taxi

kioske
kiosco

umunyamaguru
peatón

ikibanza c' abanyamaguru
vereda

imirongo yo mw'ibarabara y'abanyamaguru
paso peatonal

CINEMA

pere yo kw'ibarabara
ntenedor de basura

amatar kujabuka ara ayobora imiduga n' ingenzi
semáfc cruce

akazu k' ikirundi

cabaña

aparitema

departamento

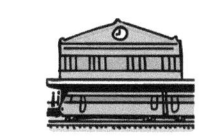

igituro ca gari ya moshi

estación de tren

meri

municipalidad

iratiro ry' ivyakera

museo

ikigo c' amashure

colegio

kaminuza

universidad

ibanki

banco

ibitaro

hospital

ihoteli

hotel

farumasi

farmacia

ibiro

oficina

aho badandaza ibitabo

librería

akaduka

negocio

umudandaza w'amashugwe

florería

supermarshe

supermercado

isoko

mercado

iduka

grandes tiendas

umudandaza w' amafi

pescadería

ihuriro ry'amaduka

centro comercial

ikivuko

puerto

ikibanza batemberamwo

parque

intebe ndende

banco

ikiraro

puente

ingazi

escaleras

gari ya moshi bita métro

subte

ibarara ry' indani y' isi

túnel

igituro c' amabisi

parada del colectivo

ubunywero

bar

resitora

restaurante

ahaja amakete

buzón

ikirango co kw' ibarabara

letrero

isaha yo ku gituro c' imiduga

parquímetro

iratiro ry' ibikoko

zoológico

pisine

pileta

umusigiti

mezquita

ubwororero

granja

konona ibidukikije

contaminación

akaburi

cementerio

kw'isengero

iglesia

ikibuga

juegos infantiles

inyubako za kera bita
temple

templo

imisozi

paisaje

ikibabi
hoja

ivyapa
poste indicador

inzira
camino

ubwatsi bita gazon
pradera

ibuye
piedra

umuntu atembera kure n' amaguru
excursionista

igiti
árbol

uruzi
río

ubwatsi
hierba

ishugwe
flor

ikiyaya

valle

umusozi

montaña

ikiyaga

lago

ishamba

bosque

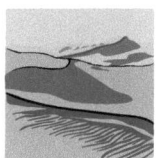

ubugaragwa

desierto

ikirunga

volcán

ishato

castillo

umunywamazi

arco iris

ikizinu

champiñón

ikigazi

palmera

umubu

mosquito

isazi

mosca

urutozi

hormiga

uruyuki

abeja

igitangurigwa

araña

agakoko gato bita
coléoptère

escarabajo

igikere

rana

agakoko bita écureuil

ardilla

ikinyogote

erizo

urukwavu

liebre

igihuna

lechuza

inyoni

pájaro

imbata

cisne

ingurube y' ishamba

jabalí

idubu

ciervo

igikoko bita élan

alce

urugomero

presa

icuma gitanga
umuyagankuba

aerogenerador

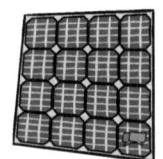

ikimuri c' imishwarara

panel solar

igihe

clima

resitora
restaurante

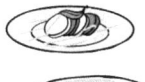

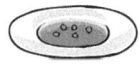

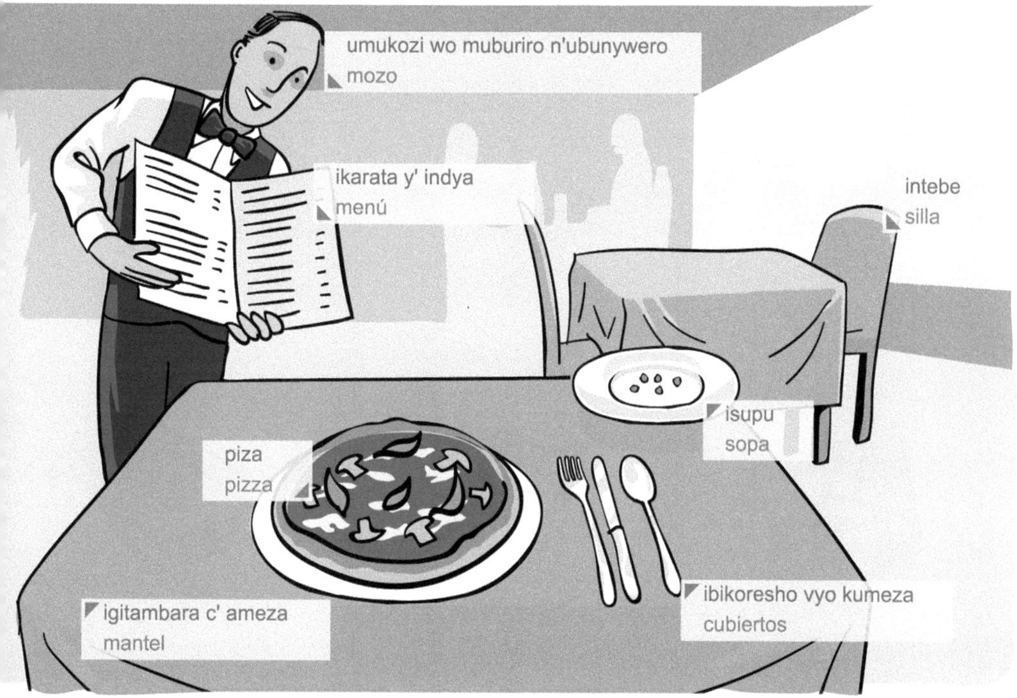
umukozi wo muburiro n'ubunywero
mozo
ikarata y' indya
menú
intebe
silla
isupu
sopa
piza
pizza
ibikoresho vyo kumeza
cubiertos
igitambara c' ameza
mantel

indya y' ibanze

entrada

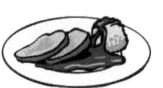

indya nkuru

plato principal

deseri

postre

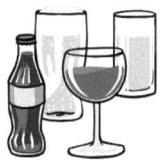

inyobwa

bebidas

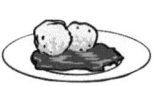

infungugwa

comida

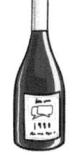

icupa

botella

infungugwa batekanye ingoga

comida rápida

Infungugwa barya bagenda

comida callejera

ibirika y' icayi

tetera

agakopo k' isukari

azucarera

igipande c' indya

porción

imachini ikora espresso

cafetera expreso

intebe ndende

sillita alta

inyemazabuguzi

cuenta

ako batwarako infungugwa

bandeja

imbugita yo kumeza

cuchillo

ikanya

tenedor

ikiyiko

cuchara

akayiko k' icayi

cucharita

seriviyeti

servilleta

ikirahuri

vaso

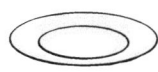

isahani

plato

isahani y' isupu

plato hondo

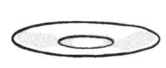

isutasi

plato

isosi

salsa

akanyanyagiza umunyu ku ndya

salero

agasya ipiripiri

molinillo de pimienta

vinaigre

vinagre

amavuta

aceite

indyoshandya

especias

kecapu

kétchup

mutaride

mostaza

mayoneze

mayonesa

supermarshe
supermercado

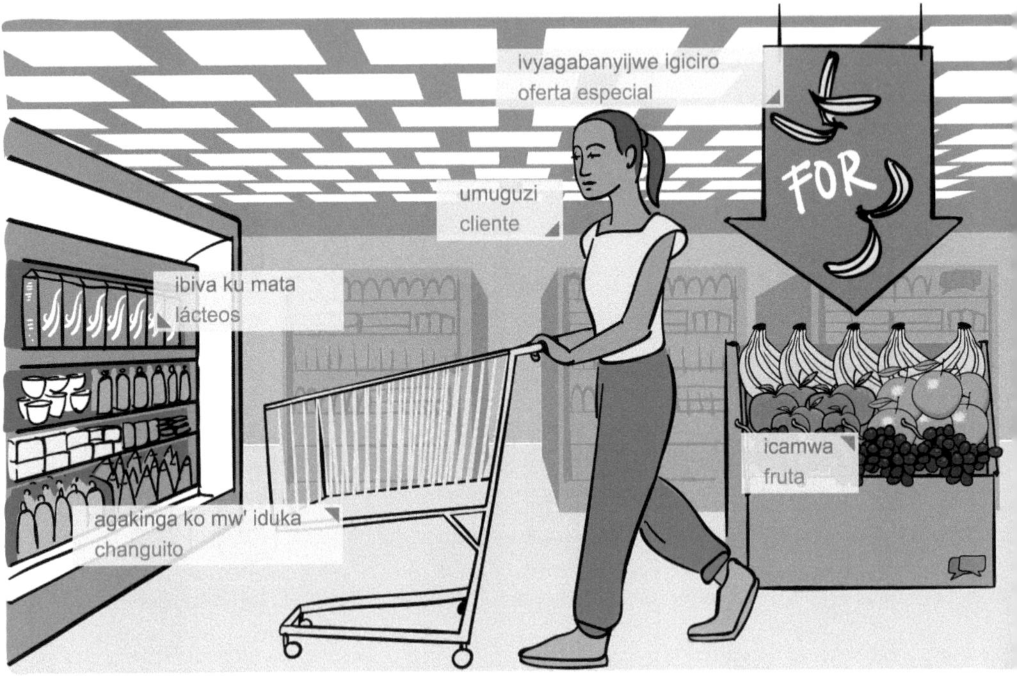
ivyagabanyijwe igiciro
oferta especial
FOR
umuguzi
cliente
ibiva ku mata
lácteos
icamwa
fruta
agakinga ko mw' iduka
changuito

BUTCHERS

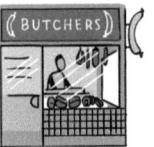

amacuniro

carnicería

BAKERY

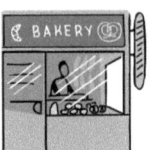

iburangeri

panadería

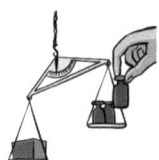

gupima

pesar

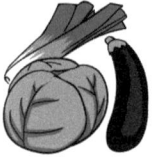

imboga

verduras

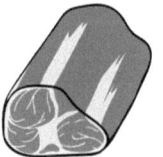

inyama

carne

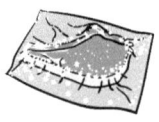

Imfungurwa zikanye cane

alimentos congelados

fungugwa bita charcuterie
en tranches

fiambres

amafunguro yo mu
mabwate
alimentos enlatados

isabune yo kumesura

detergente en polvo

ibisosa

golosinas

ibikoresho vyo muhira

electrodomésticos

ibikoresho vy'isuku

productos de limpieza

umudandaza

vendedora

kese

caja

umuntu yakira amahera

cajero

rutonde rw' ibidandazwa

lista de compras

amasaha yo kugurura

horario de atención

ingodomoni

billetera

ikarata y' amahera

tarjeta de crédito

isakoshe

cartera

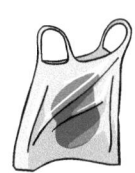

ishakoshe ya parastike

bolsa de plástico

amazi

agua

umutobe

jugo

amata

leche

koka

bebida cola

umuvinyo

vino

ikiyeri

cerveza

inzoga

alcohol

kakao

cacao

icayi

té

ikawa

café

ikawa yitwa espresso

café expreso

ikawa yitwa kapucino

cappuccino

umuhwi

banana

ipome

manzana

umucungwe

naranja

icamwa bita melon

melón

indimu

limón

ikaroti

zanahoria

igitungurusumu

ajo

umugano

bambú

igitunguru

cebolla

ikizinu

champiñón

ibiyoba

nueces

amakaroni

fideos

spagetti

tallarines

umuceri

arroz

isarade

ensalada

ifiriti

papas fritas

ifiriti

papas fritas

piza

pizza

hamburugere

hamburguesa

sandwich

sándwich

infungugwa bita escalope

churrasco

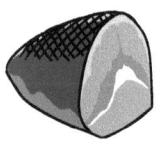

jambo

jamón

salami

salame

isosiso

salchicha

inyama y' inkoko

pollo

umusoso

asado

ifi

pescado

nfungugwa bita flocons d'
avoine

copos de avena

imfungugwa bita müsli

muesli

infungugwa bita corn -
flakes

copos de maíz

ifarini

harina

umukate bita croissant

medialuna

umukate muto

pancito

umukate

pan

umukate bashusha

tostada

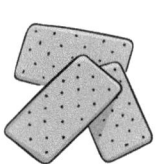

ibisuguti

galletitas

amavuta

manteca

iforomaji yera

cuajada

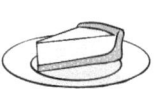

igato

torta

irigi

huevo

amafunguro bita oeuf au
plat

huevo frito

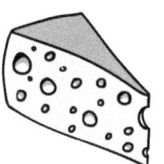

iformaji

queso

infungugwa bita crème
glacée
helado

isukari

azúcar

ubuki

miel

ikonfitire

mermelada

imfungugwa bita praliné

pasta de chocolate

infungugwa bita curry

curry

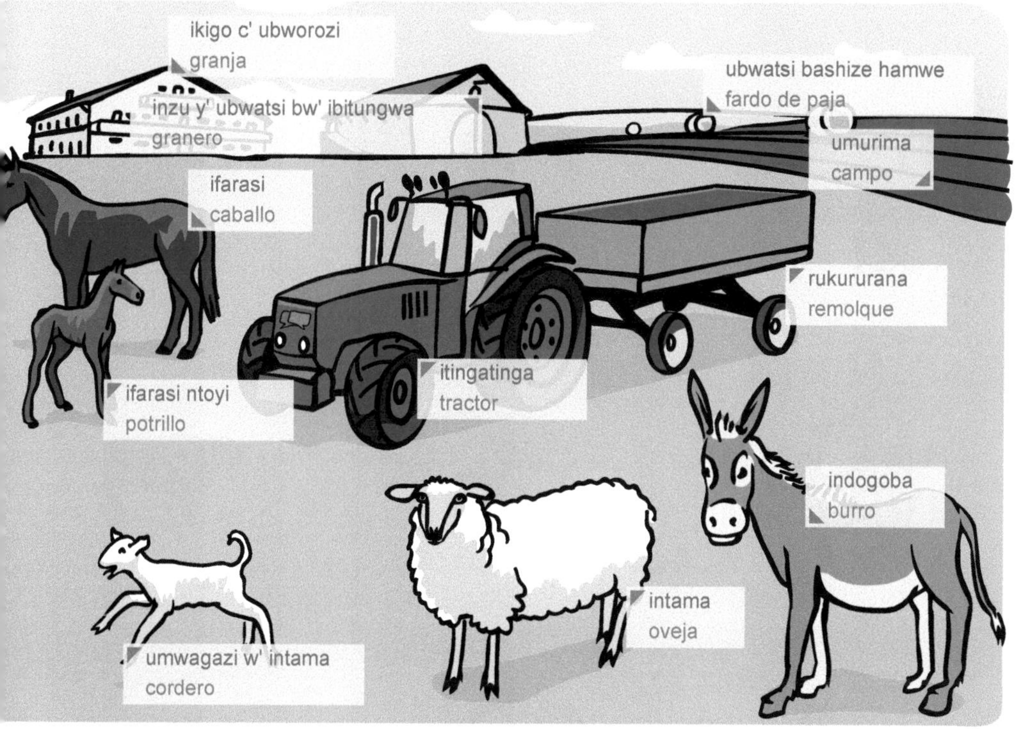

ikigo c' ubworozi
granja

inzu y' ubwatsi bw' ibitungwa
granero

ubwatsi bashize hamwe
fardo de paja

umurima
campo

ifarasi
caballo

rukururana
remolque

ifarasi ntoyi
potrillo

itingatinga
tractor

indogoba
burro

umwagazi w' intama
cordero

intama
oveja

impene

cabra

inka

vaca

inyana

ternero

ingurube

cerdo

ikibuguru

lechón

impfizi

toro

inyoni yitwa oie

ganso

imbata

pato

umuswi

pollo

inkokokazi

gallina

isake

gallo

imbeba nini

rata

akayabu

gato

imbeba

ratón

ishuri

buey

imbwa

perro

umusaka w'imbwa

cucha

umuringoti wo kuvomerera umurima

manguera

ico bakoresha basukira amashurwe

regadera

urukero

guadaña

majagu

arado

umuhoro

hoz

isuka

azada

ikinyanyagiza ibitabizo irya n'ino

horquilla

ishoka

hacha

inkorofani

carretilla

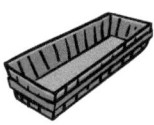

ubwato

abrevadero

icansi

lechera

umufuko

bolsa

urugo

reja

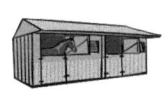

indaro y' ibitungwa

establo

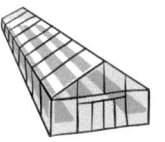

utuzu bashusha kugirango ibimera birimwo bikure

invernadero

isi

suelo

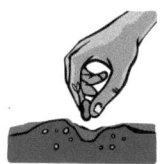

imbuto

semilla

ifumbire

fertilizador

imashini yimbura

cosechadora

kwimbura

cosechar

umwimbu

cosecha

infungugwa bita igname

batatas

ingano

trigo

isoya

soja

ikiraya

papa

ikigori

maíz

ubwoko bw' ingano bita
colza

semilla de colza

igiti c' ivyamwa

árbol frutal

imyumbati

mandioca

ibinyantete

cereales

inzu

casa

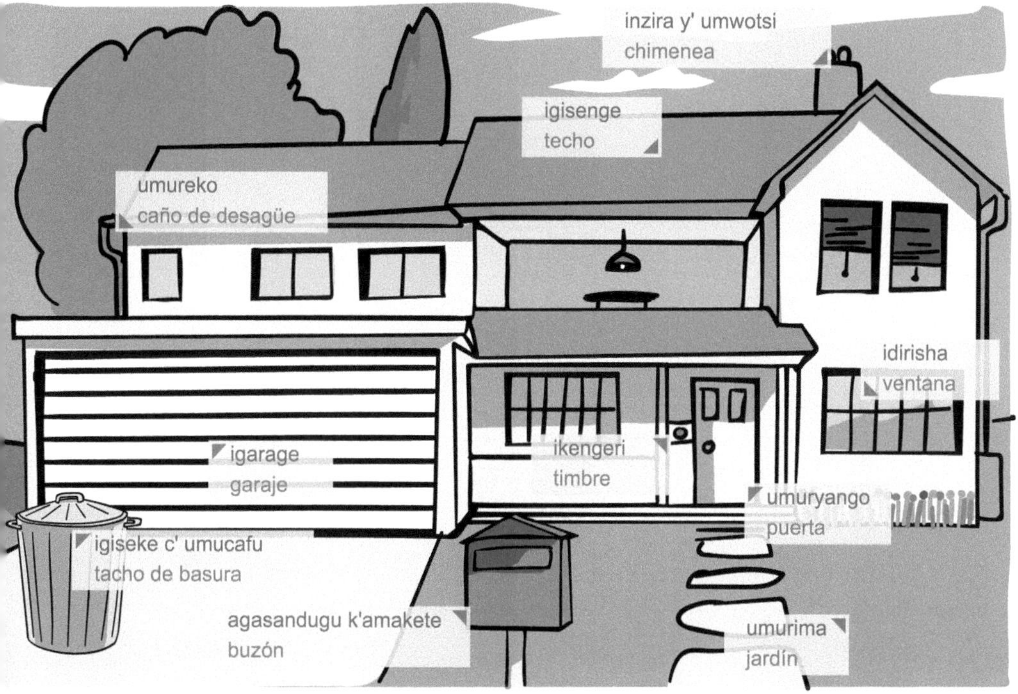

inzira y' umwotsi
chimenea
igisenge
techo
umureko
caño de desagüe
idirisha
ventana
igarage
garaje
ikengeri
timbre
umuryango
puerta
igiseke c' umucafu
tacho de basura
agasandugu k'amakete
buzón
umurima
jardín

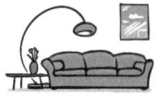

isaro

living

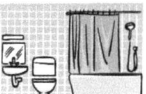

ubwogero

baño

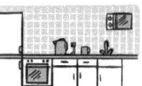

igikoni

cocina

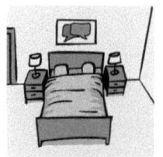

icumba co kuraramo

dormitorio

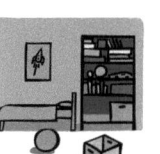

icumba c' umwana

cuarto de los chicos

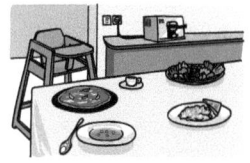

uburiro

comedor

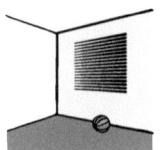

hasi

piso

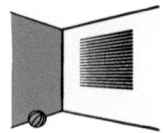

uruhome

pared

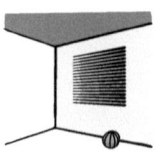

igisenge c' inzu

cielorraso

kave

sótano

sauna

sauna

ibaraza

balcón

ibaraza

terraza

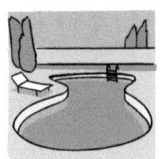

aho bogera

pileta

itondezi

cortadora de pasto

igikaratasi

sábana

uburengeti

acolchado

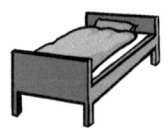

uburiri

cama

umweyerezo

escoba

indobo

balde

akabuto

interruptor

isaro
living

igisharizo
empapelado
isanamu
imagen
itara
lámpara
akabati
estante
akabati
armario
imboneshakure
televisión
igicaniro
chimenea
ishugwe
flor
umusagamiro
almohadón
ifoteyi
sofá
ivaze
florero
terekomande
control remoto

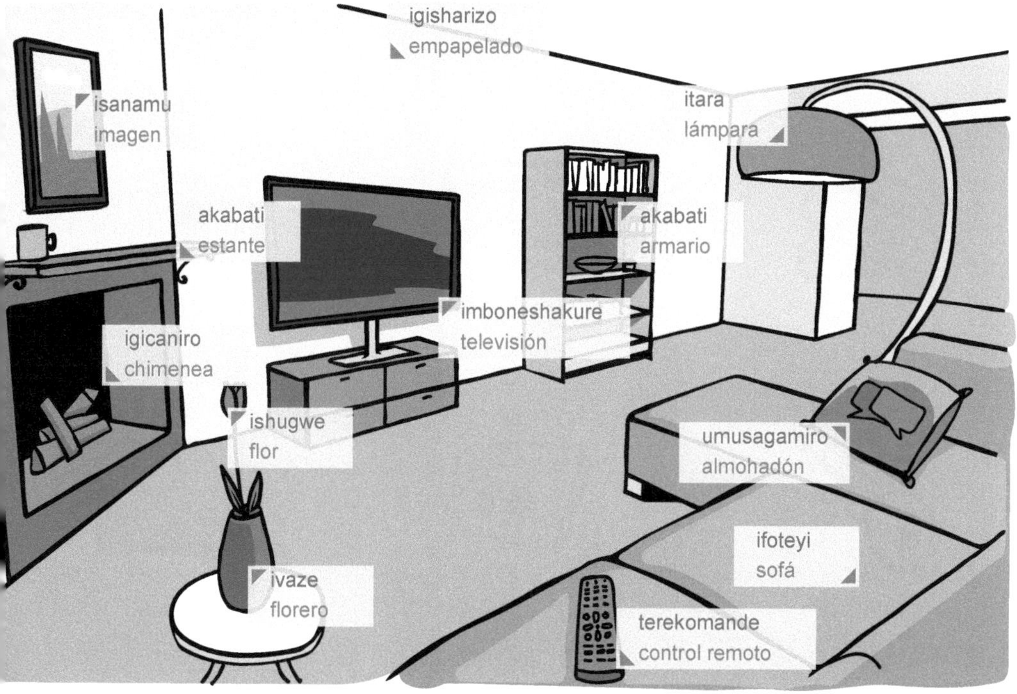

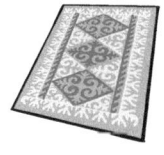

itapi
alfombra

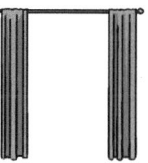

irido
cortina

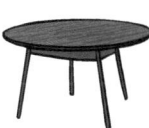

ameza
mesa

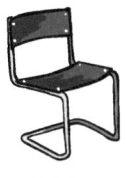

intebe
silla

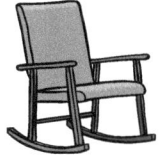

intebe icundera
mecedora

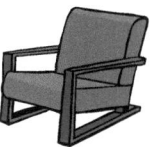

ifoteyi
sillón

igitabo

libro

ikirengeti

frazada

ibitako

decoración

inkwi

leña

ireresi

película

ivyuma vy' umuziki

equipo de música

urufunguruzo

llave

ikinyamakuru

diario

gusiga amarangi

pintura

isanamu nini

póster

insamirizi

radio

ikaye ndangaminsi

cuaderno

asipirateri

aspiradora

icimera bita cactus

cactus

ibuji

vela

igikoni
cocina

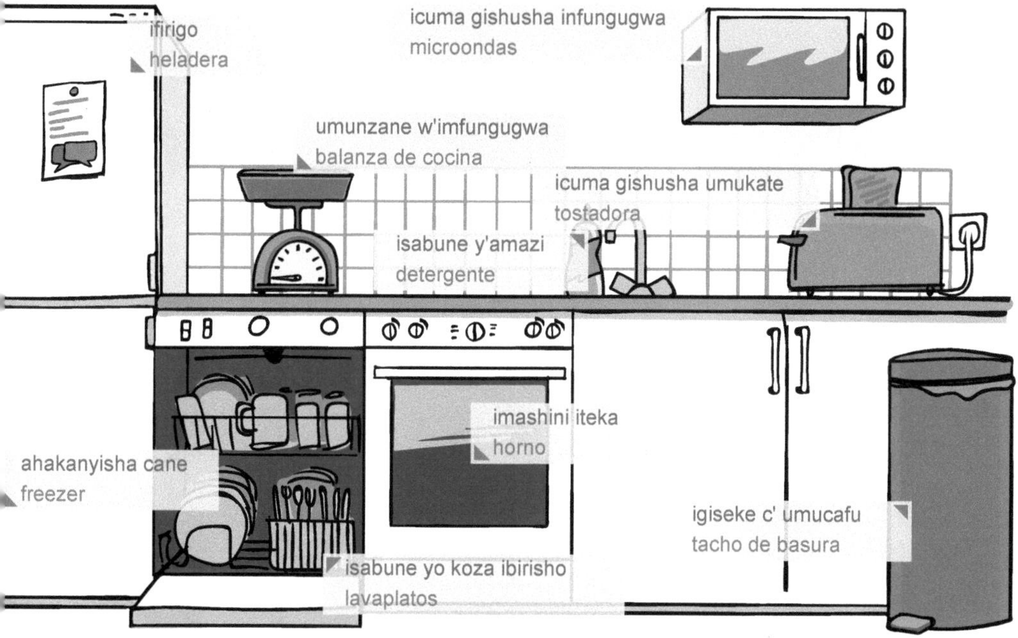
ifirigo
heladera
icuma gishusha infungugwa
microondas
umunzane w'imfungugwa
balanza de cocina
icuma gishusha umukate
tostadora
isabune y'amazi
detergente
imashini iteka
horno
ahakanyisha cane
freezer
igiseke c' umucafu
tacho de basura
isabune yo koza ibirisho
lavaplatos

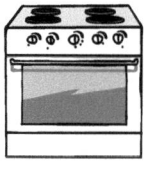

ishiga
cocina

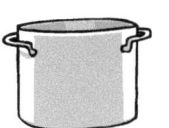

isafuriya
olla

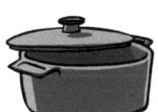

isafuriya y' icuma
olla de hierro fundido

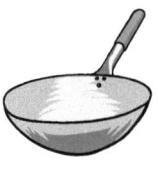

ipanu bita wok
wok

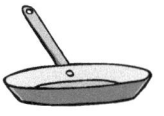

ipanu
sartén

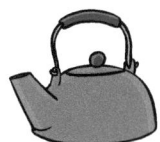

akuma gashusha amazi
pava

isafuriya itekesha umuhisha

vaporera

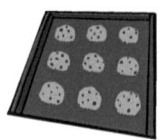

ico bakorerako imikate

bandeja de horno

ibirisho

vajilla

igikombe

taza

ibakure

bol

uduti two kurisha

palitos

icaruzo c' isupu

cucharón

ikimamiro

estpátula

agakubitisho

batidora

imashini isya ibifungurwa

colador

akayunguruzo

colador

agakatakata imfungugwa

rallador

agasekuro

mortero

icokerezo

parrilla

urucaniro

fogata

urubaho rwo gukatirako

tabla de picar

akabaho bakoresha spageti

palo de amasar

urupfunguzo rw'umuvinyu

sacacorchos

agasandugu

lata

urupfunguzo
rw'agasandugu

abrelatas

ivyo gufatisha isafuriya
ishushe

manopla

icogerezo

pileta

uburoso

cepillo

ivyogesho

esponja

imigiseri

batidora

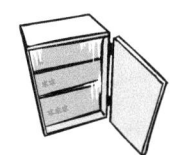

frigo nini ikanyisha cane

congelador

bibero

mamadera

ivomo

canilla

ubwogero

baño

imashini ishusha mu nzu
calefacción
kwoga
ducha
isume
toalla
rido yo muri dushe
cortina de ducha
koga mu mazi arimwo ifuro ryinshi
baño de espuma
benywari
bañadera
ikirahuri
vaso
imashini imesura
lavarropas
ivomo
canilla
amategura
baldosas
agasafuriya
pelela
icogerezo
pileta

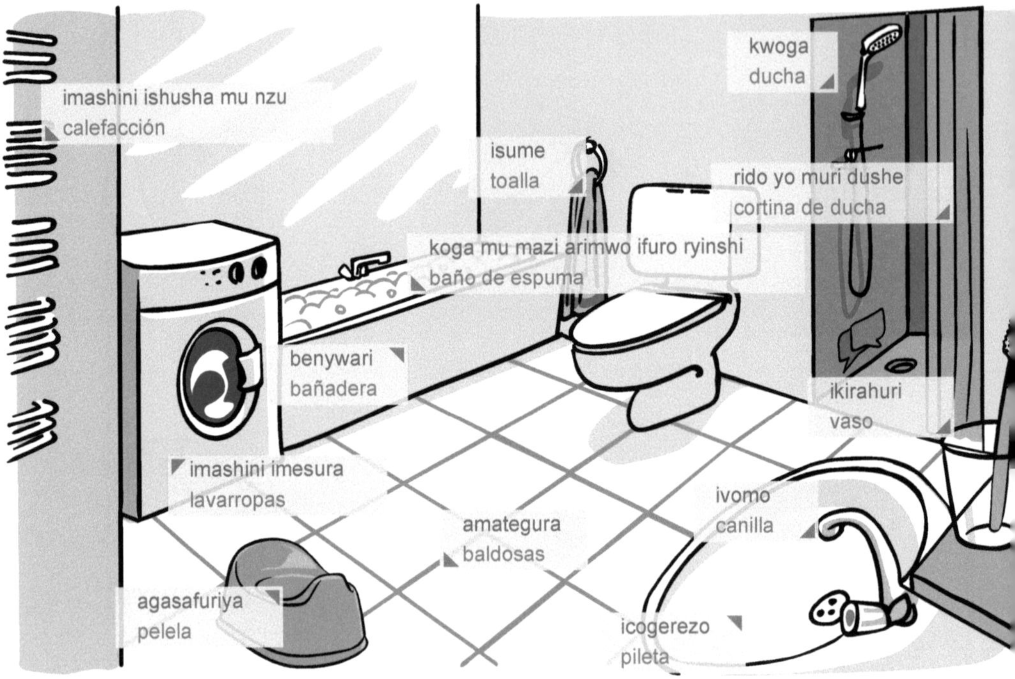

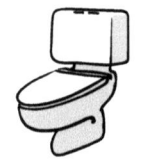

Akazu ka surwumwe

inodoro

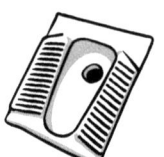

akazu ka surwumwe k'ikirundi

letrina

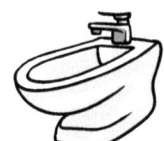

akantu gatoya bogeraho

bidé

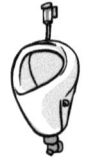

aho basoba

mingitorio

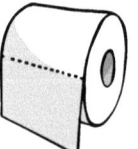

ibikaratase vyo kwi sukuza mu nzu ya surwumwe

papel higiénico

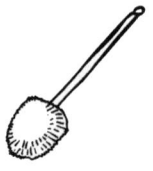

uburoso bwoza akazu ka surwumwe

cepillo para el inodoro

umujigiti

cepillo de dientes

umuti wo koza amenyo

dentífrico

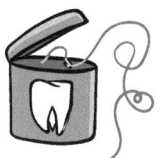

utugozi two gusukura amenyo

hilo dental

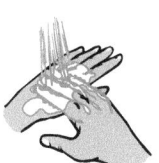

koza

lavar

ikinyuko

ducha de mano

ubwoko bwa dushe

ducha higiénica

ico bakarabiramo intoki

palangana

uburoso busukura mu mugongo

cepillo para espalda

isabune

jabón

isabuni yo kwoga

gel de ducha

shampo

shampoo

agatambara ko kwisukura

toallita

umuringoti

desagüe

amavuta yo kwisiga

crema

iparufe yo mu kwaha

desodorante

icirore

espejo

icirore

espejito

imashini imwa ubwanwa

maquinita de afeitar

ifuro ryo kumwa ubwanwa

espuma de afeitar

umuti basiga aho bamoye

aftershave

igisokozo

peine

uburoso

cepillo

akuma kumutsa umushatsi

secador de pelo

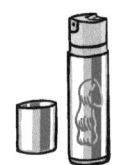

amavuta bapuriza mu mushatsi

spray

ibikoresho vyo kwipodora

maquillaje

amavuta afise ibara yo k'umunywa

lápiz de labios

verni y'inzara

esmalte para uñas

ipampa

algodón

umukasi uca inzara

tijera para uñas

iparufe

perfume

gasaho k' ivyo kwisukura
ku rugendo
portacosméticos

agatebe

banqueta

umunzane

balanza

penywari

bata

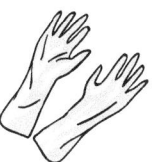

udufuko tw' intoke iyo
bakora isuku
guantes de goma

kotegisi

tampón

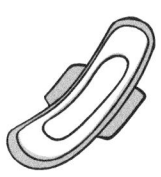

kotegisi

toallita femenina

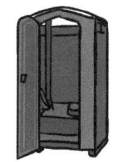

ubwoko bw'akazu ka
surwumwe
baño químico

icumba c' umwana

cuarto de los chicos

isaha ivyura
despertador
agakoko k' agapupe
peluche
ikijuwe c' umuduga
coche de juguete
ikijuwe c' ibibondo bita hochet
sonajero
inzu badandaza amapupe
casa de muñecas
akaganuke
regalo

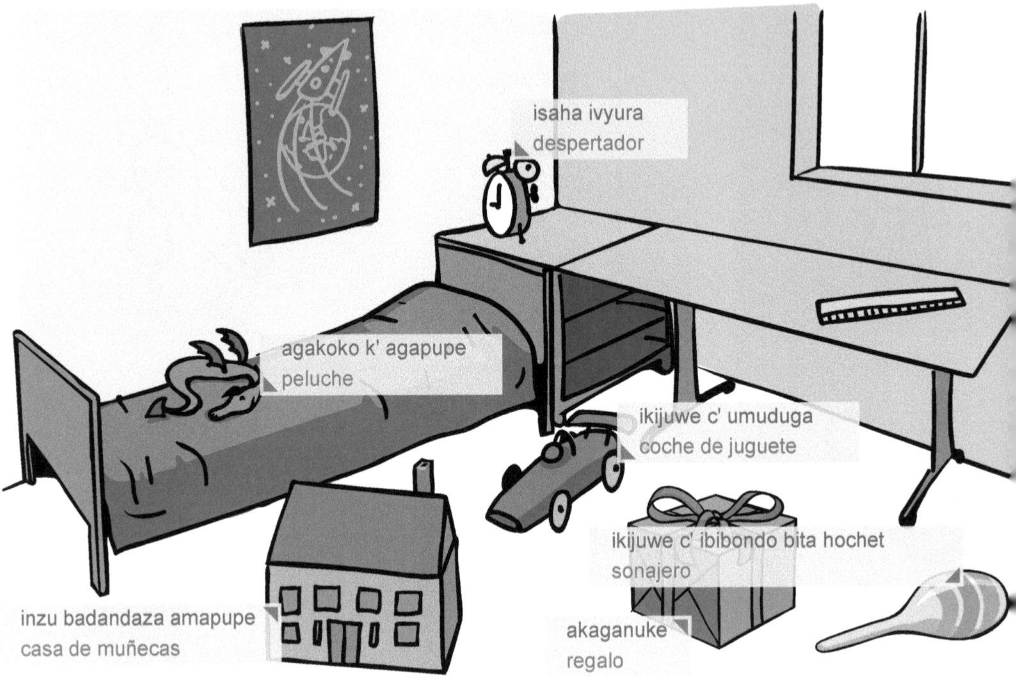

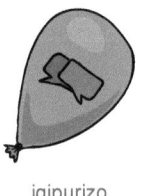

igipurizo

globo

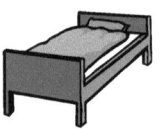

uburiri

cama

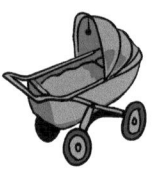

cochecito

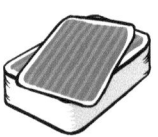

urukino rw' ikarata

cartas

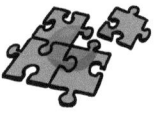

urukino bita puzile

rompecabezas

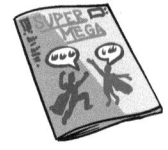

ibitabo vy' amashusho

historieta

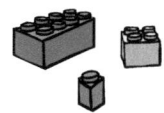

urukino bita lego

piezas de lego

ibijuwe vyo kubaka

ladrillos de juguete

ipupe

figura de acción

impuzu yo kurarana y abana

enterito (de bebé)

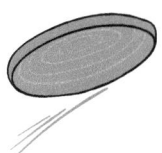

urukino bita frisbi

frisbee

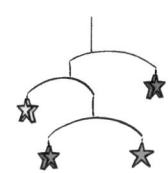

udukinisho two ku buriri bw' ibibondo

móvil para bebés

urukino rwo kumeza

juego de mesa

agakinisho bita de

dados

gari ya moshi z' ibikinisho

tren eléctrico

madanganya

chupete

umunsi mukuru

fiesta

igitabo c' ibicapo

libro de cuentos ilustrado

umupira

pelota

igipupe

muñeca

gukina

jugar

umusenyi abana
bakiniramwo

arenero

uruvuma

hamaca

ikijuwe

juguetes

urukino nyabwonko

consola de videojuegos

ikinga ry'amapine atatu

triciclo

osito de peluche

igikoko bita ours c 'ikijuwe

osito de peluche

akabati k' impuzu

armario

impuzu
ropa

amashesheti

medias

amashesheti maremare

medias panty

ubwoko bw'impuzu zifata
kandi zigaruka cane

calzas

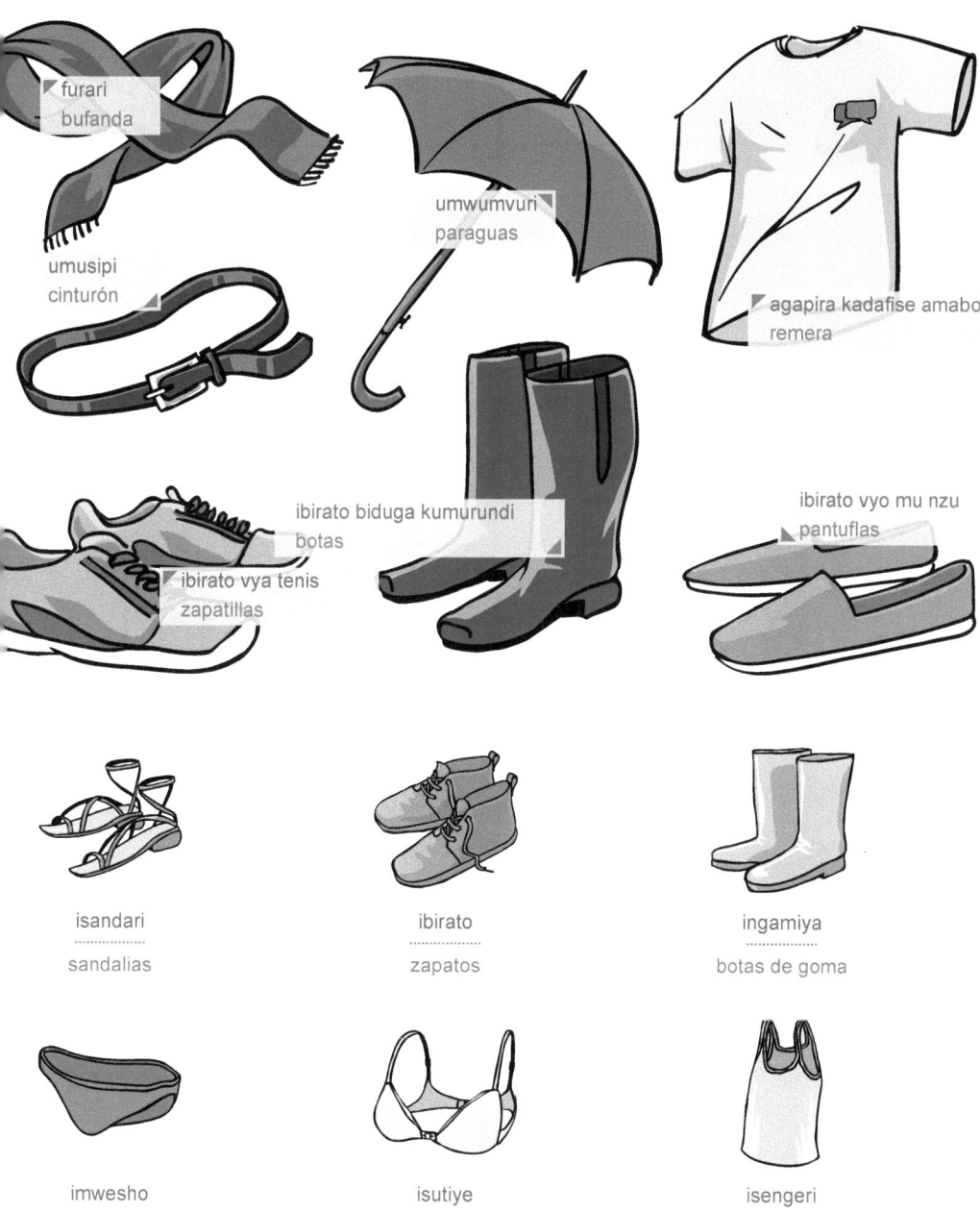

furari
bufanda

umusipi
cinturón

umwumvuri
paraguas

agapira kadafise amabok
remera

ibirato biduga kumurundi
botas

ibirato vya tenis
zapatillas

ibirato vyo mu nzu
pantuflas

isandari
sandalias

ibirato
zapatos

ingamiya
botas de goma

imwesho
ropa interior

isutiye
corpiño

isengeri
chaleco

impuzu - ropa

impuzu z' imbere

body

ipantaro

pantalones

ijinisi

jeans

ijipo

pollera

agashati koroshe kabagore

blusa

ishati

camisa

umupira w' imbeho

pulóver

umupira w'imbeho ufise
inkofero

buzo

blazeri

blazer

ikoti

campera

ikoti rirerire

tapado

ikoti y'imvura

piloto

kositime

traje

ikanzu

vestido

ikazu y'umugeni

vestido de novia

kos.itime

traje

ikanzu yo kurarana

camisón

impuzu z' ijoro

pijama

imvutano z'abahindi

sari

igitambara co mu mutwe

pañuelo para cabeza

igitambara co mu mutwe
bita turban

turbante

impuzu z' abasiramukazi

burka

ikanzu bita kaftan

caftán

impuzu y' abasiramu

abaya

impuzu yo kogana

traje de baño

impuzu yo kwogana
y'abagabo

short de baño

imwesho

shorts

itereningi

jogging

itaburiya

delantal

udufuko tw' intoke

guantes

igifungo

botón

amarori

anteojos

igikomo

pulsera

akadede

collar

impeta

anillo

ihereni

aro

inkofero

gorra

porutemanto

percha

inkofero

sombrero

karavate

corbata

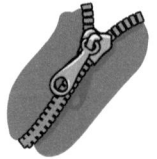

imashini

cierre

inkofero yo kwikingira

casco

imisipi

tiradores

impuzu y' ishure

uniforme escolar

umwambaro rusangi
w'ahantu

uniforme

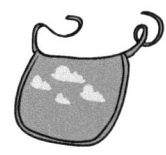

two bambika ibibondo iyo birya

babero

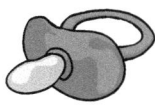

madanganya

chupete

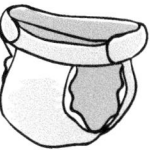

iranje

pañal

ibiro

oficina

seriveri
servidor
akabati k' ivyangombwa
archivero
ukaratasi
pel
empirimante
impresora
ekra
monitor
suri
mouse
ameza yo kwandikirako
escritorio
ico bashiramwo ivyangombwa
carpeta
karaviye
teclado
eke bajugunyamo amakaratasi
(de basura)
nyabwonko
computadora
intebe
silla

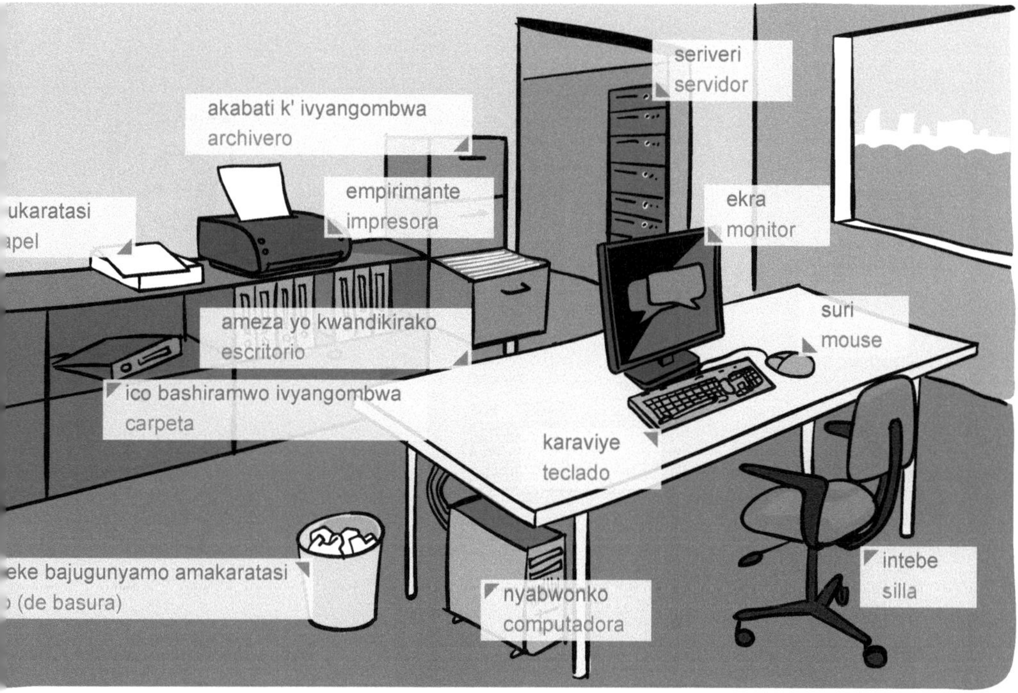

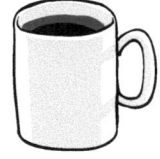

igikombe c' ikawa

taza de café

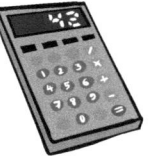

imashini iharura

calculadora

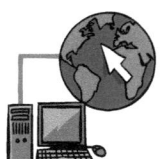

ubuhinga ngurukanabumenyi

internet

inyabwonko ngendanwa

laptop

ikete

carta

ubutumwa

mensaje

telefoni ngendanwa

celular

rezo

red

fotokopiyeze

fotocopiadora

rojisiyeri

software

telefoni

teléfono

purize

tomacorriente

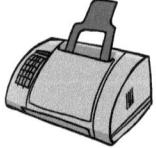

fagisi

fax

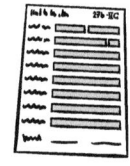

urukaratasi rwo kuzuza

formulario

icangombwa

documento

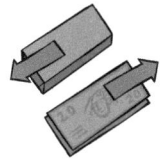

kugura

comprar

kuriha

pagar

kudandaza

hacer negocios

amahera

dinero

idorari

dólar

iyero

euro

iyene

yen

amahera y' abarusiya

rublo

amahera y' abasuwisi

franco suizo

amahera bita renmimbi
yuan

yuan

amahera bita rupi

rupia

icuma gitanga amahera

cajero automático

ku bavunjayi

casa de cambio

inzahabu

oro

umujumbu

plata

ipeteroli

petróleo

inguvu

energía

ikiguzi

precio

amasezerano

contrato

amakori

impuesto

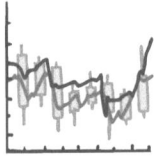

igice

acción

gukora

trabajar

umukozi

empleado

umukoresha

empleador

ihinguriro

fábrica

akaduka

negocio

imirimo
ocupaciones

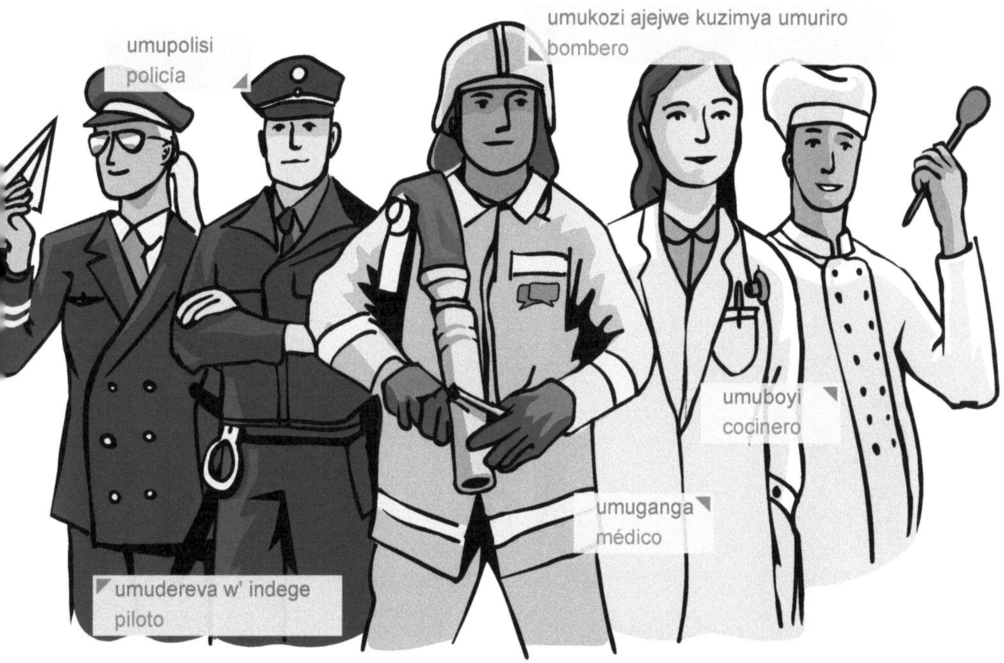
umupolisi
policía
umukozi ajejwe kuzimya umuriro
bombero
umuboyi
cocinero
umuganga
médico
umudereva w' indege
piloto

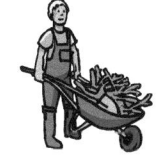

mukozi akora murikarima

jardinero

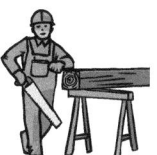

umubaji

carpintero

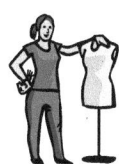

umushonyi

modista

umucamanza

juez

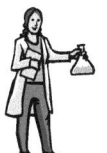

umuhinga mu vya chimie

farmacéutico

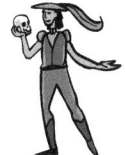

umukinyi w'amareresi

actor

umudereva w' ibisi

colectivero

umudereva w' itagisi

taxista

umurovyi

pescador

umuzezwanzukazi

mucama

sharupantiye

techista

umukozi wo muburiro n'ubunywero

mozo

umuhigi

cazador

umufundi w' amarangi

pintor

umuntu akora imikate

panadero

umufundi w' amatara

electricista

umwubatsi

albañil

enjeniyeri

ingeniero

umuyangayanga

carnicero

umufundi w' amazi

plomero

umuparanto

cartero

umusoda

soldado

umuntu acapa inyubako

arquitecto

umuntu yakira amahera

cajero

mukozi ajejwe amashugwe

florista

kimyozi

peluquero

kontororeri

cobrador

umufundi w' imiduga

mecánico

umudereva w' ubwato

capitán

umuganga w' amenyo

dentista

umuhinga mu vya siyansi

científico

umuhinga mu bayahudi bita rabi

rabino

imame

imán

umuvugiramana

monje

umuvugiramana

sacerdote

ibikoresho vy' ubwubatsi

herramientas

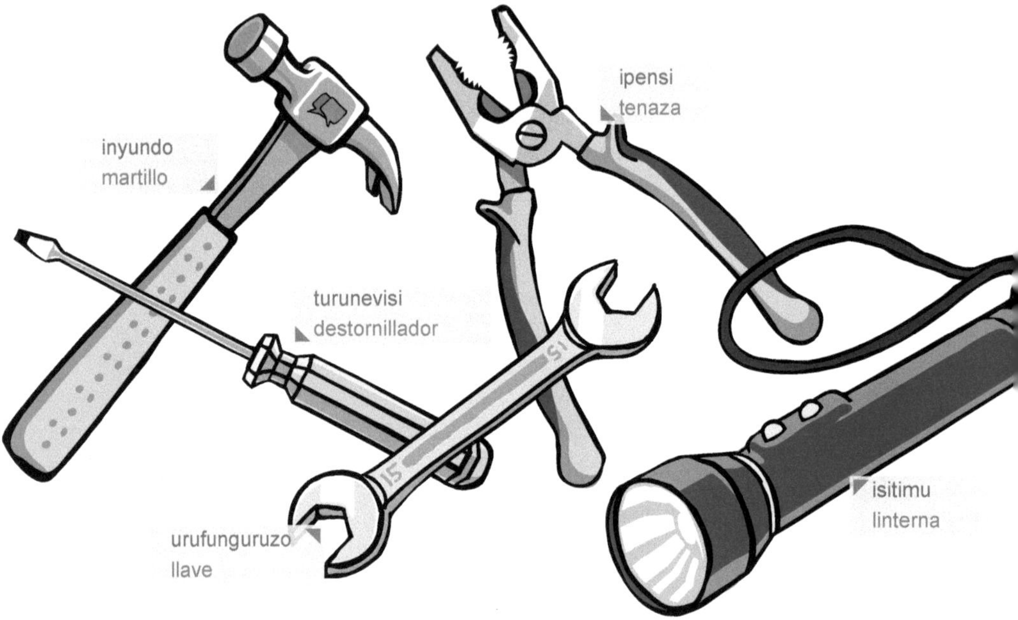
ipensi
tenaza
inyundo
martillo
turunevisi
destornillador
isitimu
linterna
urufunguruzo
llave

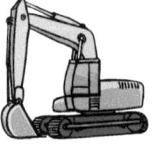

tingatinga

excavadora

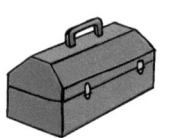

isaho y' ibikoresho

caja de herramientas

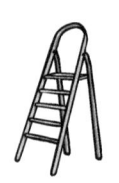

ingazi

escalera portátil

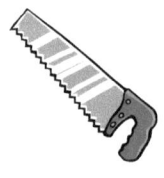

umusumeno

sierra

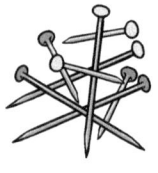

imisumari

clavos

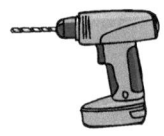

icuma bita foreuse

taladro

gukora

arreglar

igipawa

pala de jardín

asyi!

¡Qué bronca!

agaterura umucafu

pala de plástico

indobo y' irangi

tacho de pintura

ivis

tornillos

ivyuma vyo gucuraranga
instrumentos musicales

icuma bita Haut parleur
parlante

icuma ca musika bita batterie
batería

igitari
guitarra

icuma ca musika bita contrebasse
contrabajo

icuma ca musika bita trompette
trompeta

icuma ca musika bita piano

piano

icuma ca musika bita violon

violín

gitare icuranga Bass

bajo

icuma ca musika bita timbale

timbales

ingoma

tambor

icuma ca musika bita piano electrique

teclado

icuma ca musika bita saxophone

saxofón

umwirongi

flauta

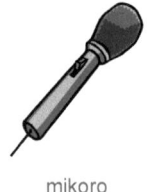

mikoro

micrófono

iratiro ry' ibikoko
zoológico

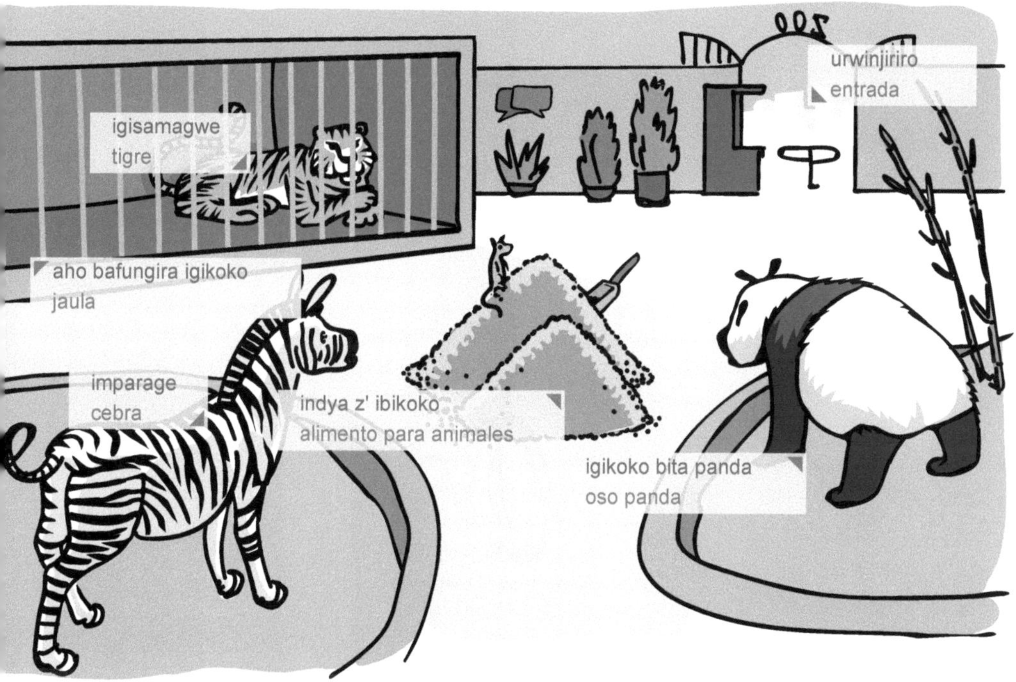

urwinjiriro
entrada
igisamagwe
tigre
aho bafungira igikoko
jaula
imparage
cebra
indya z' ibikoko
alimento para animales
igikoko bita panda
oso panda

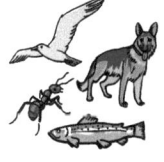

ibikoko

animales

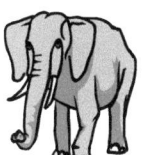

inzovu

elefante

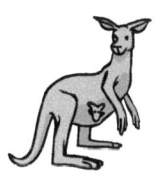

Kanguru

canguro

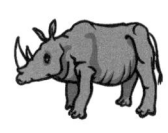

igikoko bita Rhynoceros

rinoceronte

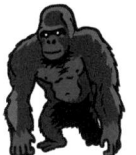

inguge

gorila

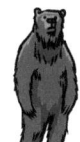

igikoko bita ours

oso

ingamiya

camello

inyoni bita autriche

avestruz

intare

león

inkende

mono

inyoni bita flamant rose

flamenco

gasuku

loro

igikoko bita ours blanc

oso polar

inyoni bita pinguin

pingüino

ifi bita requin

tiburón

inyoni bita paon

pavo real

inzoka

serpiente

ingona

cocodrilo

umurinzi w' iratiro ry' ibikoko

cuidador del zoológico

igikoko bita phoque

foca

igikoko bita jaguar

jaguar

ɔwoko bw' ifarasi bita pony

poni

ingwe

leopardo

imvubu

hipopótamo

umusumbarembo

jirafa

agaca

águila

ingurube y' ishamba

jabalí

ifi

pescado

akanyamasyo

tortuga

igikoko bita morse

morsa

imbwebwe

zorro

ingeregcrc

gacela

urukino rwa football yo muri amerika
fútbol americano

ugusiganwa ku makinga
ciclismo

urukino rwa tennis
tenis

urukino rwa basketball
básquet

koga
natación

urukino rw' ingumu
boxeo

urukino rwa ice-hockey
hockey sobre hielo

umupira w'amaguru
fútbol

urukino rwa badminton
bádminton

ubunonotsi
atletismo

urukino rwa handball
handball

urukino rwa ski
esquí

urukino rwa Polo
polo

imirimo

actividades

gutwenga
reír
gusimba
saltar
kugumbirana
abrazar
kugenda
caminar
kuririmba
cantar
kurota
soñar
gusenga
rezar
gusoma
besar

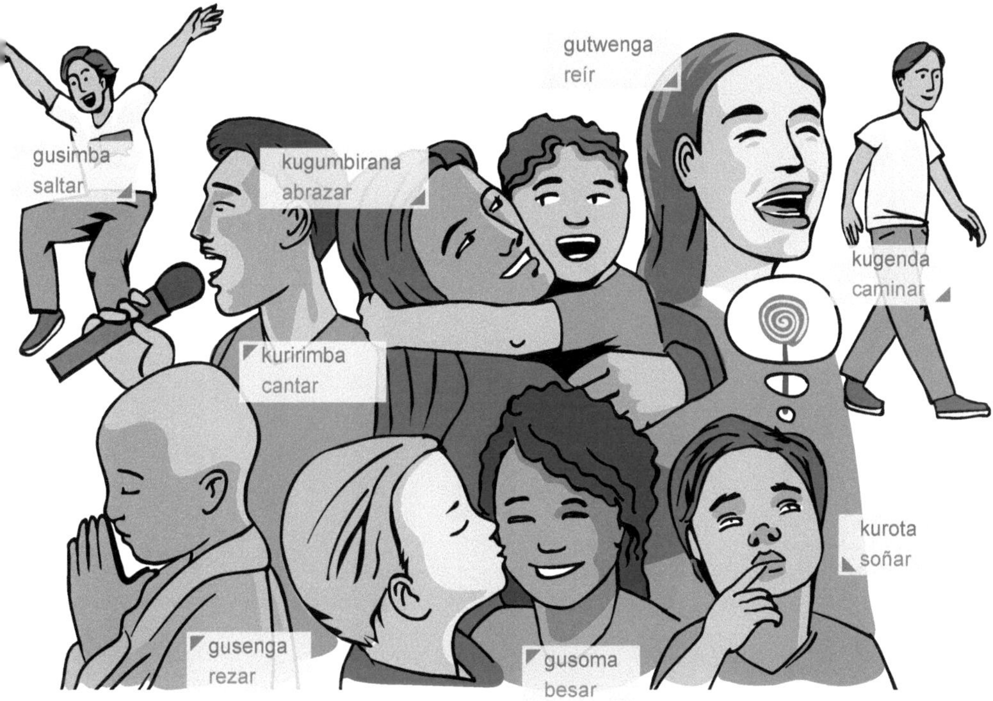

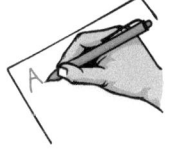

kwandika
escribir

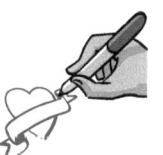

gucapa
dibujar

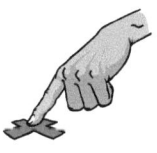

kwereka
mostrar

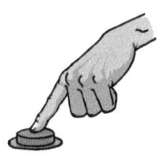

gusuguma
presionar

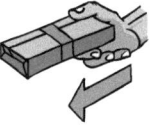

gutanga
dar

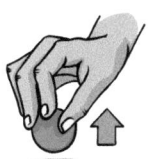

gutora
tomar

kugira

tener

kugira

hacer

kuba

ser

guhagarara

estar parado

kwiruka

correr

gukwega

tirar

guta

tirar

gutemba

caer

kurambarara hasi

estar acostado

kurindira

esperar

gutwara

llevar

kwicara

estar sentado

kwambara

vestirse

kuryama

dormir

kuvyuka

despertar

kuraba
....
mirar

kurira
....
llorar

kwagaza
....
acariciar

gusokoza
....
peinar

kuvuga
....
hablar

gutahura
....
entender

kubaza
....
preguntar

kumviriza
....
escuchar

kunywa
....
beber

gufungura
....
comer

gulondeka
....
ordenar

gukunda
....
amar

guteka
....
cocinar

gutwara
....
manejar

kuguruka
....
volar

kugira siporo bita voile

navegar

guharura

calcular

gusoma

leer

kwiga

aprender

gukora

trabajar

kurongora

casarse

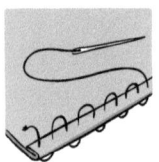

gushona

coser

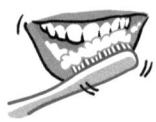

kwijigitura

cepillarse los dientes

kwica

matar

kunywa itabi

fumar

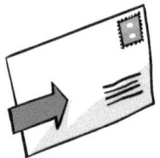

kurungika

enviar

umuryango
familia

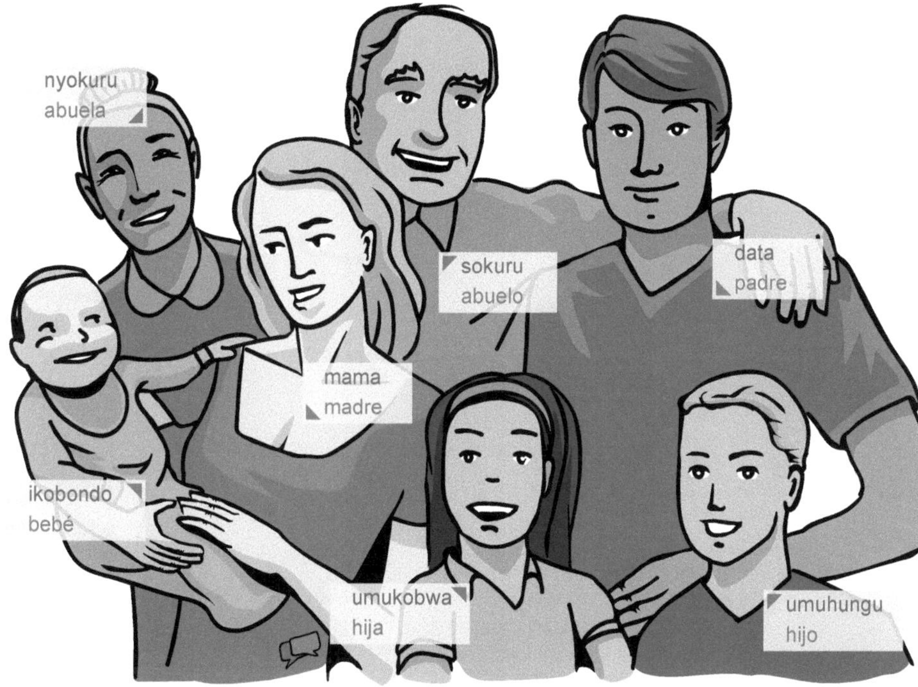

nyokuru
abuela
sokuru
abuelo
data
padre
mama
madre
ikobondo
bebé
umukobwa
hija
umuhungu
hijo

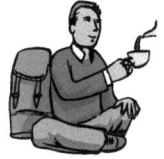

umushitsi

invitado

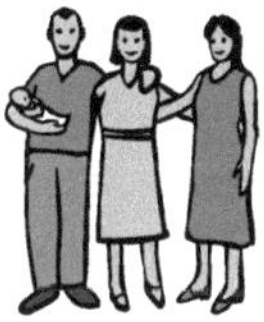

masenge

tía

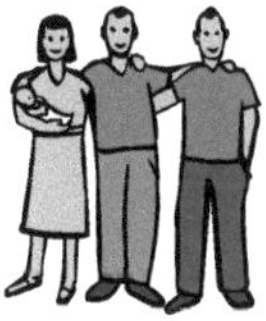

marume

tío

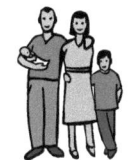

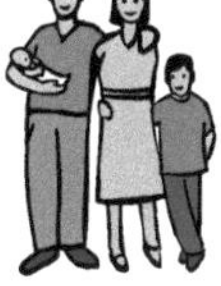

musaza w' umuntu

hermano

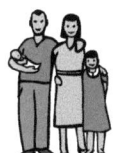

mushiki w' umuntu

hermana

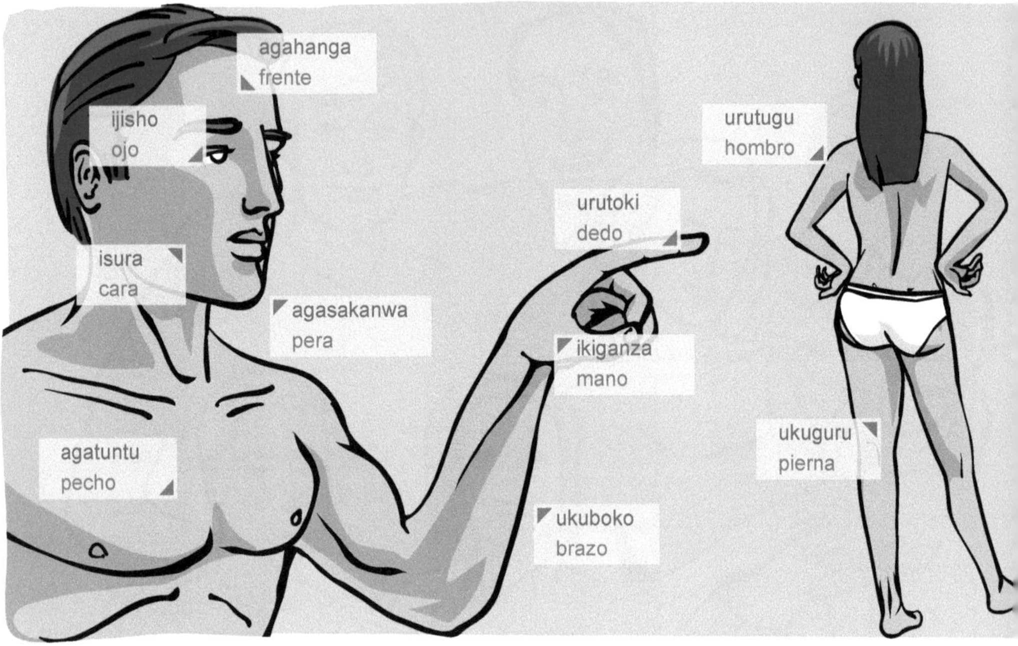

agahanga
frente

ijisho
ojo

urutugu
hombro

urutoki
dedo

isura
cara

agasakanwa
pera

ikiganza
mano

agatuntu
pecho

ukuguru
pierna

ukuboko
brazo

ikobondo

bebé

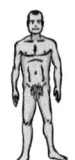

umugabo

hombre

umugore

mujer

umwigeme

nena

umuhungu

nene

umutwe

cabeza

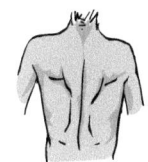

umugongo

espalda

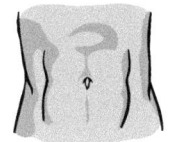

inda

panza

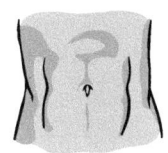

umukondo

ombligo

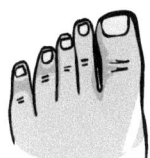

ino

dedo del pie

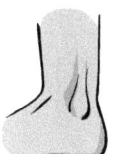

agatsintsiri

talón

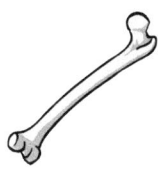

igufa

hueso

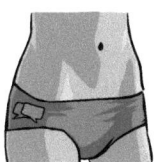

ku mafyigo

cadera

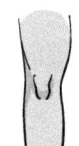

ivi

rodilla

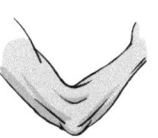

inkokora

codo

izuru

nariz

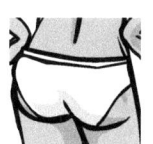

igisusu

cola

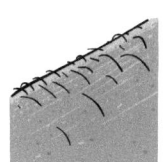

urukoba

piel

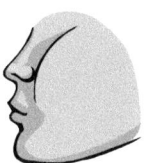

itama

cachete

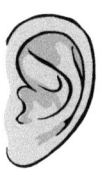

ugutwi

oreja

umunwa

labio

umunwa

boca

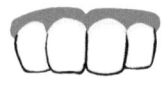

iryinyo

diente

ururimi

lengua

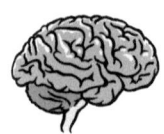

ubwonko

cerebro

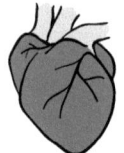

umutima

corazón

umutsi

músculo

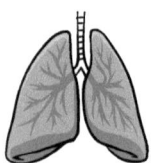

ihaha

pulmón

igitigu

hígado

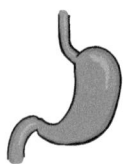

umushishito

estómago

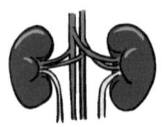

amafyigo

riñones

kurangura amabanga
y'abubatse

sexo

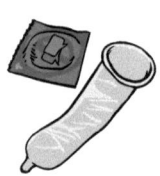

agapfuko

preservativo

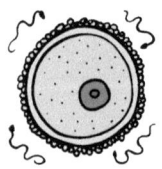

imbuto y' umugore

óvulo

imbuto y'umugabo

semen

imbanyi

embarazo

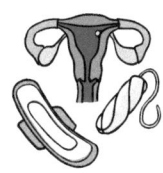

kuja mu kwezi

menstruación

igituba

vagina

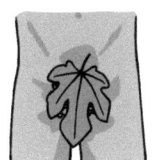

imboro

pene

ingohe

ceja

umushatsi

pelo

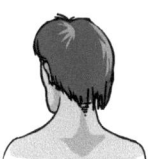

izosi

cuello

ibitaro
hospital

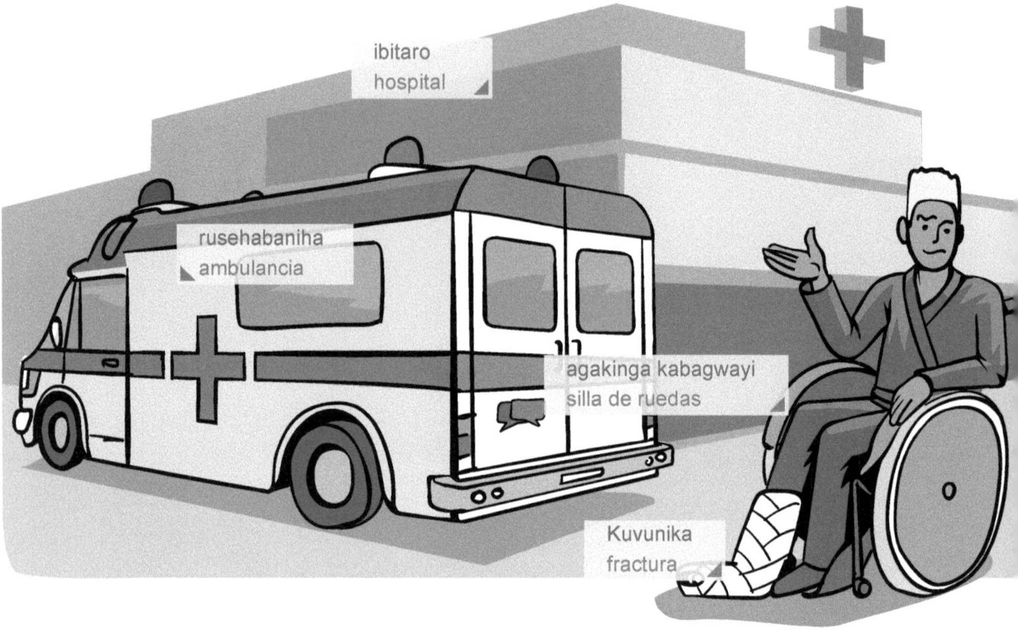

ibitaro
hospital
rusehabaniha
ambulancia
agakinga kabagwayi
silla de ruedas
Kuvunika
fractura

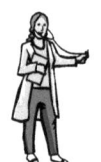

umuguanga

médico

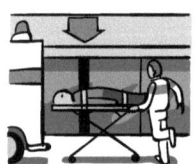

mundembe

sala de guardia

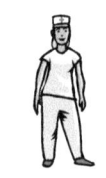

umuforomokazi

enfermera

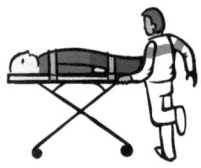

irijanse

emergencia

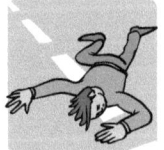

guta ubwenge

inconsciente

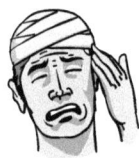

ububabare

dolor

igikomere

lesión

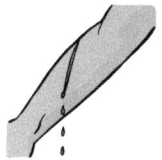

kuva amaraso

hemorragia

uguhagarara k' umutima

infarto

kuvira indani

ACV

guhurirwa

alergia

inkorora

tos

ubushuhe bw'umubiri

fiebre

giripe

gripe

gucibwamwo

diarrea

kumeneka umutwe

dolor de cabeza

Kanseri

cáncer

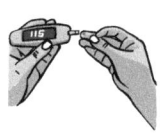

Diyabeti

diabetes

muganga ajejwe kubaga

cirujano

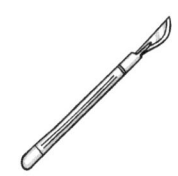

akuma ka muganga ubaga

bisturí

kubagwa

operación

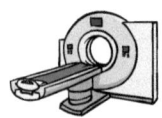

sikaneri

TC

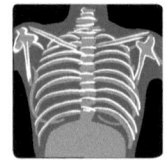

radiyografi

rayos x

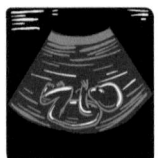

ekografi

ecografía

masike

barbijo

indwara

enfermedad

aho kurindirira

sala de espera

icishimikizo

muleta

gufuka igikomere

curita

gufuka igikomere

venda

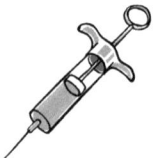

gutera urushinge

inyección

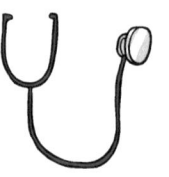

icuma cumviriza amahaha n'umutima

estetoscopio

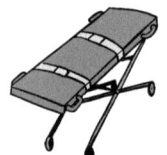

ingovyi

camilla

igipima umuriro w' umubiri

termómetro

kuvuka

nacimiento

umuvyibuho urengeje

sobrepeso

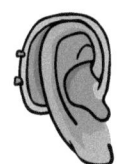

igifasha umuntu kumva
neza

audífono

imiti y' ibikomere

desinfectante

kwandura

infección

umugera

virus

umugera wa sida

VIH / SIDA

ubuvuzi

remedio

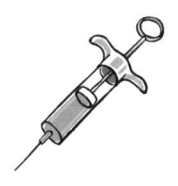

guhabwa urucanco

vacunación

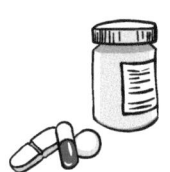

ibinini

comprimidos

ikinini mbonezamvyaro

pastilla anticonceptiva

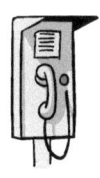

telefone itabaza

llamada de emergencia

igipima umuvuduko w'
amaraso

tensiómetro

arwaye / akomeye

enfermo / sano

muntabare!

¡Ayuda!

ikengere

alarma

igitero

agresión

igitero

ataque

ibihe bikomeye

peligro

icanzo

salida de emergencia

umuriro!

¡Fuego!

ikizimyamwoto

matafuego

isanganya

accidente

isanduku y' ubutabazi

botiquín de primeros
auxilios

ubutabazi

SOS

igipolisi

policía

Buraya

Europa

Uburaruko bw' amerika

América del Norte

Ubumanuko bw' amerika

América del Sur

Afurika

África

Aziya

Asia

Ositarariya

Australia

ibahari y' Antalantika

Atlántico

ibahari ya Pasifika

Pacífico

ibahari y' Ubuhinde

Océano Índico

ibahari y' Antaragitika

Océano Antártico

ibahari y' Aragitika

Océano Ártico

Uburaruko bw' umubumbe w' isi

polo norte

Ubumanuko bw' umubumbe
w' isi

polo sur

antaragitika

Antártida

isi

Tierra

isi

tierra

ibahari

mar

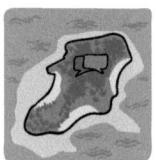

izinga

isla

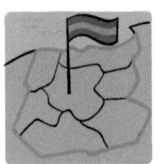

igihugu

nación

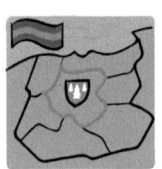

reta

estado

aho barabira isaha

esfera

urushinge rw' amasaha

manecilla de las horas

urushinge rw' iminota

minutero

rushinge rw' amasegonda

segundero

ni gihe ki?

¿Qué hora es?

umunsi

día

igihe

hora

ubu nyene

ahora

isaha ya electronique

reloj digital

umunota

minuto

isaha

hora

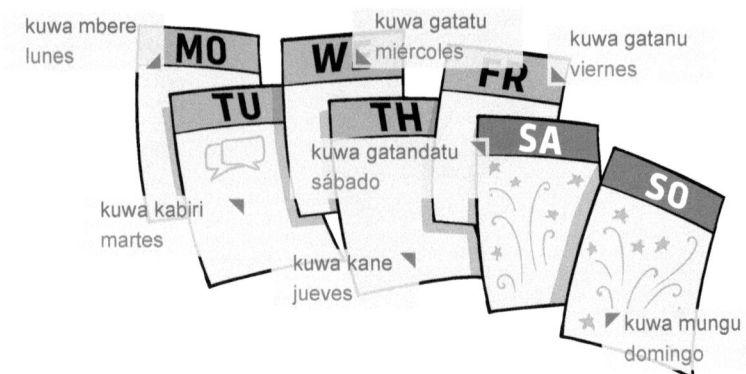

kuwa mbere
lunes

kuwa gatatu
miércoles

kuwa gatanu
viernes

kuwa gatandatu
sábado

kuwa kabiri
martes

kuwa kane
jueves

kuwa mungu
domingo

ejo haheze

ayer

ubunyene

hoy

ejo hazoza

mañana

mu gatondo

mañana

sasita

mediodía

ku mugoroba

tarde

iminsi y' ibikorwa

días hábiles

weekende

fin de semana

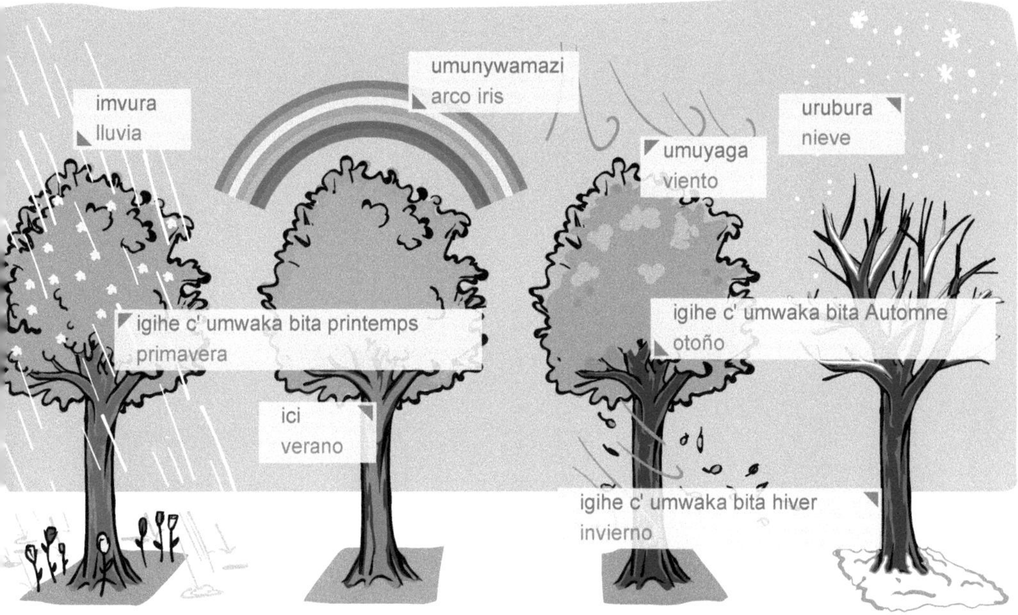

imvura
lluvia
umunywamazi
arco iris
umuyaga
viento
urubura
nieve
igihe c' umwaka bita printemps
primavera
igihe c' umwaka bita Automne
otoño
ici
verano
igihe c' umwaka bita hiver
invierno

4.APRIL 11°
5.APRIL 4°
6.APRIL 13°
7.APRIL 8°
8.APRIL 10°

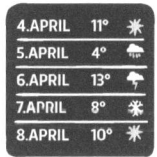

ikirangabihe

pronóstico meteorológico

F
C
120
90
60
30
0
-30
40
30
20
10
0
-10
-20

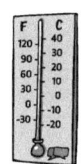

igipima ubushuhe bw' umubiri

termómetro

ubuseruko bw' izuba

luz del sol

igicu

nube

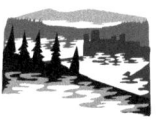

igipfungu

niebla

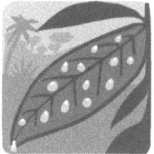

ifira

humedad

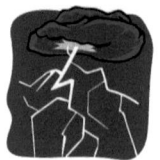

umuravyo

rayo

inkuba

trueno

igihuhusi

tormenta

urubura

granizo

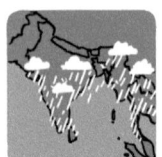

igihuhusi bita mousson

monzón

umwuzure

inundación

ibarafu

hielo

nzero

enero

ruhuhuma

febrero

ntwarante

marzo

ndamukiza

abril

rusama

mayo

ruhenshi

junio

mukakaro

julio

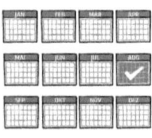

myandagaro

agosto

nyakanga

septiembre

gitugutu

octubre

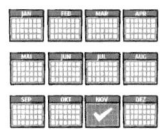

munyonyo

noviembre

migarama

diciembre

forume geometrike
formas

umuzingi

círculo

ikwadarato

cuadrado

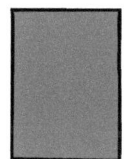

urikiramende

rectángulo

inyabutatu

triángulo

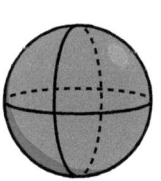

umubumbe

esfera

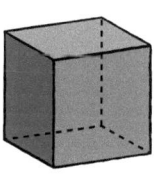

agasandugu

cubo

ibara ryera

blanco

ibara ry' umuhondo

amarillo

ibara risa n' umucungwe

naranja

ibara rya rose

rosa

ibara ritukura

rojo

ibara rya mauve

violeta

ibara ry' ubururu

azul

ibara ry'icatsi kibisi

verde

ibara ry' igihogo

marrón

ibara rya gris

gris

ibara ryirabura

negro

vyinshi / bikeyi

mucho / poco

washavuye / utekereje

enojado / tranquilo

mwiza / mubi

lindo / feo

intanguriro / iherezo

principio / fin

kinini / gitoyi

grande / chico

gikeye / cijimye

claro / oscuro

usaza w' umuntu / mushiki w' umuntu

hermano / hermana

gisukuye / gicafuye

limpio / sucio

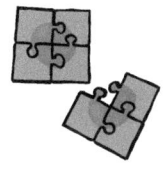

gikwiye / gicagatiye

completo / incompleto

umunsi / ijoro

día / noche

wapfuye / ariho

muerto / vivo

cagutse / caga

ancho / angosto

kiryoshe / kibishe

comestible / no comestible

umutima mubi / umutima mwiza

malo / amable

anezerewe / arambiwe

entusiasmado / aburrido

kivyibushe / conze

gordo / flaco

cambere / canyuma

primero / último

umugenzi / umwansi

amigo / enemigo

cuzuye / kiri gusa

lleno / vacío

kigumye / coroshe

duro / blando

kiremereye / gihwahutse

pesado / liviano

inzara / inyota

hambre / sed

arwaye / akomeye

enfermo / sano

cemewe n'amategeko / kitemewe n'amategeko

ilegal / legal

incabwenge / ikijuju

inteligente / estúpido

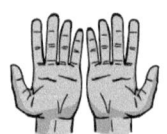

ibubamfu / iburyo

izquierda / derecha

hafi / kure

cerca / lejos

gishasha / gishaje
....
nuevo / usado

ntaco / kiriho
....
nada / algo

umutama / urwaruka
....
viejo / joven

kwatsa / kuzimya
....
encendido / apagado

kugurura / kugara
....
abierto / cerrado

gitekereje / gifise urwamo
....
silencioso / ruidoso

umutunzi / umukene
....
rico / pobre

nivyo / sivyo
....
correcto / incorrecto

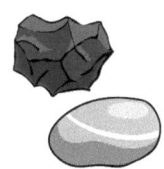

kigoramye / kigororotse
....
áspero / suave

ashavuye / anezerewe
....
triste / contento

kigufi / kirekire
....
corto / largo

kigenda bukebuke /
kinyaruka
....
lento / rápido

gitose / cumye
....
mojado / seco

gishushe buhoro / gikanye
buhoro
....
caliente / frío

intambara / amahoro
....
guerra / paz

0

ubusa

cero

1

rimwe

uno

2

kabiri

dos

3

gatatu

tres

4

kane

cuatro

5

gatanu

cinco

6

gatandatu

seis

7

indwi

siete

8

umunani

ocho

9

icenda

nueve

10

cumi

diez

11

cumi na rimwe

once

12

cumi na kabiri

doce

13

cumi na gatatu

trece

14

cumi na kane

catorce

15

cumi na gatanu

quince

16

cumi na gatandatu

dieciséis

17

cumi n' indwi

diecisiete

18

cumi n' umunani

dieciocho

19

cumi n' icenda

diecinueve

20

mirongo ibiri

veinte

100

ijana

cien

1.000

ıgıhumbi

mil

1.000.000

umuriyoni

millón

indimi
idiomas

Icongereza

inglés

Icongereza co muri Amerika

inglés americano

Mandare kivugwa mu bushinwa

chino mandarín

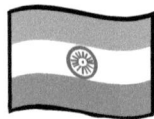

Igihinde

hindi

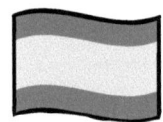

Ikispaniya

español

Igifaransa

francés

Icarabu

árabe

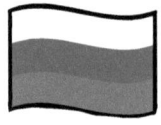

Ikirusiya

ruso

Igiporitigare

portugués

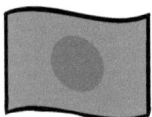

Ikibengare

bengalí

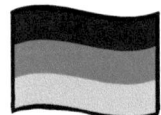

Ikidage

alemán

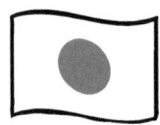

Ikiyapani

japonés

jewe

yo

wewe

vos

we / we / co

él / ella

twebwe

nosotros

mwebwe

ustedes

bo

ellos

inde?

¿quién?

iki?

¿qué?

gute?

¿cómo?

hehe?

¿dónde?

ryari?

¿cuándo?

izina

nombre

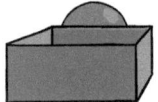

inyuma ya

detrás

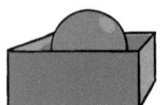

indani ya

en

imbere ya

adelante de

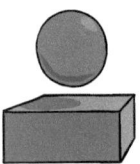

hejuru ya

por encima de

ku

sobre

munsi ya

debajo de

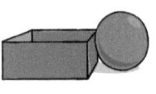

mu mbavu ya

al lado de

hagati ya

entre

ikibanza

lugar